팬데믹도시 비망록

Memorandum of Pandemic Cities

김태형 · 이지원

박영사

머리말

　2020년대, 나아가 21세기 전반을 정리할 때 빠지지 않을 키워드는 단연코 코로나 팬데믹일 것이다. 지긋지긋한 코로나는 예상치 못했다는 뜻에서 검은 백조(black swan)라고 불렸다. 그런데 팬데믹이 인류사 중 처음은 아니었다. 다만 자주 나타나지 않아서 대응이 서툴렀다. 이는 팬데믹의 특성과도 무관하지 않다. 홍수나 산사태, 지진이나 쓰나미보다도 영향이 더 광범위하지만, 오히려 이런 까닭에 공통의 장기적인 준비가 요원했다.

　준비되지 않은 팬데믹은 정치, 경제, 사회, 기술, 환경, 제도, 교육 등 생활의 전 분야에서 대전환을 발생하였다. 이를 통해 새로운 기회가 부상하기도 하고 적응하지 못한 인구와 지역은 쇠락, 침체하였다. 본 저서는 이들을 망라하는 작업의 결과이며 과거와 현재의 팬데믹에 대한 소고이다. 팬데믹의 발생과 전파가 어떻게 달랐고 이에 개인과 사회가 어떻게 체계적, 비체계적으로 대처했는지, 그리고 그러한 대처의 결과가 어떠한 반작용과 부작용을 나타냈는지 살폈다.

　때로는 연구논문이나 보고서, 공식 통계를 이용하고 때로는 저자의 경험과 답사로 자료를 수집하였다. 내부 검토와 전문가 자문으로 객관성을 확보하려고 노력하였다. 이러한 노력은 팬데믹이 전면화된 2020년 초반부터 시작되었다. 저자는 현재까지 한국연구재단과 재직 중인 서울대, 코이카에서 추진한 팬데믹 관련 프로젝트를 이끌어 2024년 2월 현재까지 총 5건의 연구를 수행하였고 또한 진행 중이다. 덕분에 미국, 일본, 중국, 대만, 인도네시아, 몽골, 사우디아라비아 등지 전문가들과 교류하며 사고의 폭을 넓히고 지역 간, 국가 간 팬데믹 정책 및 그 영향과 시민 대응을 지역학적 관점에서 비교할 수 있었다. 공통점과 차이점을 살핌으로써 향후 팬데믹이 어떠한 영향을 미칠 것인지 한층 더 깊게 볼 수 있었다. 이들 경험과 식견을 독자와 널리 공유하기 위해 모든 연구에 처음부터 참여한 이지원 박사와 집필을 기획하게 된 것이다.

　이 책을 읽기를 기대하는 독자는 도시와 지역의 질병, 위험, 재난 및 지속가능성과 시민의 삶의 질, 행복, 복지에 관심을 가지는 대학생과 대학원생들이다. 비전공생을 염두에 두고 가급적 기술적 전문 용어 사용을 지양하였는데, 관심이 있는 경우 쉽게 키워드별로 지식을 넓힐 수 있을 것이다. 따라서 바라건대 이 책은 도시질병과 재난재해에 관심이 있는 일반인이 읽기에도 어려움이 적다.

10년, 20년 전만 해도 교수가 쓴 책의 머리말이라고 하면 대개 대학교 본인 연구실이 장소로 등장하였다. 팬데믹의 영향으로 농수산업, 제조업 및 대면 서비스업 등을 제외하고 원격 재택근무가 일반화된 현실이다. 저자는 지금도 본문에 등장하는 공유오피스에 있다. 불필요하게 오가는 통행이 줄어드니 생각과 여유도 늘었다. 이 서적도 그 덕을 본 셈이다.

포스트 팬데믹은 백신 개발의 덕도 크지만 어려운 시기를 결국은 이겨낸 시민의 승리이다. 언제 팬데믹이 지날까 손꼽아 기대하던 시간이 무색하다. 슬그머니 포스트 팬데믹이 도래한 느낌이다. 그러나 그만큼 이 책의 발간 시기는 결코 늦지 않고 오히려 적절하다고 할 수 있다. 잊지 않기 위해, 페이스가 더욱 빨라진 포스트 팬데믹 시대에서 우리 경험이 잊힐 것을 대비해 처음부터 책 제목을 비망록備忘錄이라고 정했다. 비망록의 가운데 글자, 잊을 망忘을 깨뜨리면 없을 망亡에 마음 심心으로 구성된 것을 알 수 있다. 이와 비슷한 글자가 있다. 바쁠 망忙이다. 이 한자도 없을 망亡의 왼쪽에 마음 심을 부수로 둔다. 결국 잊음과 바쁨은 뿌리가 같은 말이다. 조급하면 잊게 된다. 팬데믹이 전방위적인 영향을 미치고 또 전방위적인 대응이 필요한 만큼 다음 팬데믹에 대한 준비는 더욱 차근차근히 해야 할 것이다.

이 책이 빛을 발하기에는 박영사 이승현 차장님을 비롯한 관계자의 안목과 노고가 중요했다. 더불어 2022년 6월부터 시작하여 지금껏 원고를 집필하는 데에 오랜 기간 수고를 마다하지 않은 이지원 박

사에게 감사의 말씀을 드린다. 마지막으로 아낌없이 격려하고 조언
해주는 가족과 동료 교수님들, 다양한 생각을 할 수 있도록 신선한 자
극을 아끼지 않는 제자들에게 사의를 표한다.

서울 모처 공유오피스에서
2024년 2월 27일 오후 5시 50분
김태형

차례

|제1장|
21세기 감염병 유행의 교훈

코로나19는 실로 감염병 유행의 패러다임을 전환한 사건이었다. 현대사회에 들어 유행한 감염병은 주로 특정 지역에서 발생한 바이러스가 제한된 지역에 영향을 미치는 경우가 일반적이었다. 하지만 코로나19는 어쩌면 제2의 페스트처럼 높은 치사율을 보이면서도 동시에 사람들의 이동과 함께 전세계에 유행하는 패턴을 보였다.

일본에 비해 한국, 그리고 대만 각각 메르스와 사스라는 감염병을 2015년과 2002년에 겪으면서 방역 체계를 구축하여 상대적으로 팬데믹 초기 대응에 성공적이었다는 평가를 받는다. 아래에서는 동북아의 국가 방역 체계 형성과 관련해서 사스와 메르스를 집중적으로 살펴보고, 이러한 경험과 교훈이 코로나19 팬데믹에 미친 영향이 어떠했는지 살펴본다.

1. 21세기 감염병 유행의 교훈

코로나19는 실로 감염병 유행의 패러다임을 전환한 사건이었다. 현대사회에 들어 유행한 감염병은 주로 특정 지역에서 발생한 바이러스가 제한된 지역에 영향을 미치는 경우가 일반적이었다. 하지만 코로나19는 어쩌면 제2의 페스트처럼 높은 치사율을 보이면서도 동시에 사람들의 이동과 함께 전세계에 유행하는 패턴을 보였다.

2019년 12월 코로나19 감염사례가 중국 우한에서 처음 보고된 지 3년 이상 경과된 현시점에도, 팬데믹이 엔데믹으로 양상을 달리하였지만, 여전히 코로나19는 우리 일상에 영향을 미치고 있다. 계속해서 변이 바이러스가 출현한데다, 장기화에 따른 백신 접종 면역력 저하로 확진자 수가 줄지 않았다. 전염성을 판단하는 감염재생산지수를 기준으로 코로나19는 비말(droplet)을 매개로 하는 이전 감염병 중 사스SARS 및 인플루엔자와 비슷하거나 다소 높은 수치이며, 메르스MERS의 5배로 평가된다.

흑사병, 스페인 독감, 사스, 메르스 등 과거 팬데믹은 장기간에

2021년 4월 4일 오리건주 주도인 세일럼(Salem)에 있는 오리건 스테이트 페어 앤 엑스포지션 센터(Oregon State Fair & Exposition Center)에 간이 접종소가 설치되었다 (김태형ⓒ2023).

걸쳐 한 지역 또는 국가를 중심으로 영향을 미치고, 이어서 인근 지역으로 전파하는 경향을 보였다. 하지만 코로나19는 단시간에 전세계로 확산되었다. 2009년에 유행한 신종플루(pandemic influenza A/H1N1 2009)도 감염자가 100만명을 넘어서는 데까지는 1년 가까이 걸렸다. 반면 코로나19는 이 숫자를 불과 3개월만에 돌파하였다. 2023년 6월 현재 전세계 코로나19 누적 확진자는 5억 명을 넘는다. 신종플루와 비교하면 코로나19는 초기에는 타미플루와 같은 치료제가 없는 상황에서 감염병이 확산되기 시작하였고, 백신이 개발되어 집단면역(herd immunity)에 대한 기대가 높아진 때와 맞물려 변이 바이러스가 출현한 점을 차이로 볼 수 있다. 백신이 개발되고 접종률이 높아지면서 더 이상 지역사회에 바이러스가 확산되지 않는 현상인 집단면역 개념이 기대를 받았지만, 이 대신에 백신이 개발되면 이를 피해가는 변이가 발생하는 악순환에 빠진 셈이다.

코로나19 팬데믹은 바이러스 발생을 예측하기 어려웠다는 점에서 검은 백조black swan이다. 검은 백조는 사회 전반에 구조적인 변화를 초래하고 따라서 사람들은 일상이 바뀌고 예기치 못한 역경에 빠진다. 변화의 발단은 감염병 확산을 방지하기 위해 사람들이 자발적으로, 그리고 정부 정책에 의해 강제적으로 발이 묶였기 때문이다. 이러한 대응 방식은 사회경제적 특성, 정치 및 제도적 특성, 지리적 특성 등에 따라 국가별로 다르게 나타났고 이에 대한 결과도 달랐다. 일본은 같은 동아시아의 한국과 대만에 비해 사망률이 높고, 의료 붕괴와 경제적 타격이 커서 시민들은 정부의 코로나19 대응에 대해 불만이 높고 전반적으로 비판적인 여론이 크게 일었다. 일본의 높은 사망률은 제도적 특성과 결부되어 있다고 볼 수 있다. 일본 정부가 코로나19 대응을 위해 강력한 규제 정책을 펼칠 수 있도록 하는 법적 근거가 존재하지 않았으며, 대규모 확산 시, 의료 붕괴 가능성을 염려하여 PCR(Polymerase Chain Reaction; 중합 요소 연쇄반응) 검사 수를 제한한 것이 영향을 미친 것으로 보인다. 일본의 아날로그 기반 행정 업무 체계도 감염병이 유행한 배경으로 지목된다.

일본에 비해 한국과 대만은 각각 메르스와 사스라는 감염병을 2015년과 2002년에 겪으면서 방역 체계를 구축하여 상대적으로 코로나19 팬데믹 초기 대응에 성공적이었다는 평가를 받는다. 아래에서는 동북아 국가의 방역 체계 형성과 관련해서 사스와 메르스를 집중적으로 살펴보고, 이러한 경험과 교훈이 코로나19 팬데믹에 미친 영향이 어떠했는지 살펴본다.

1.1 사스, 21세기 감염병 유행의 서막

2002년 11월 16일 중국 광둥성에서 시작된 중증급성호흡기증후군 코로나바이러스SARS-CoV는 2003년까지 아시아, 북미, 남미, 유럽 및 호주에서 대유행한 감염병이다. 주요 증상은 발열과 기침, 호흡곤란, 폐렴 등이다. 주로는 중증급성호흡기증후군(Severe Acute Respiratory Syndrome)의 앞 글자를 따서 '사스SARS'로 불린다. 2003년 2월 중국과 홍콩을 여행한 남성이 원인을 알 수 없는 폐렴으로 베트남 하노이의 한 병원에 입원하였고, 이후 병원 내 의료진들이 같은 증상을 호소하였다. 해당 환자는 홍콩의 병원으로 옮겨졌지만 곧 급성 호흡부전증으로 사망하였다. 2003년 2월 말에는 홍콩의 다른 병원에서도 비슷한 호흡기 증상의 환자들이 발생하였고 이들은 모두 중국 남부를 여행하였던 과거력이 있었다. 2003년 2월 중국 정부가 세계보건기구(WHO)에 보고한 내용에 따르면 2002년 11월부터 2003년 2월 9일까지 305건의 원인을 알 수 없는 급성호흡기 증후군 환자가 중국 남부 광둥지역에서 발생하였다. 처음 감염병이 보고된 곳은 중국이었으나, 중국에서 베트남으로 이동한 환자에 의해 세계적인 확산이 이루어졌다. WHO에 의하면, 사스로 30개국에서 사망자 812명, 감염자 8,439명이 발생하였다.

사스는 21세기에 들어 유행한 감염병 중 전세계로 확산된 최초의 사례로서 순수한 의미의 신종 호흡기 전염병에 해당한다. 진앙지인 중국과 홍콩에서 가장 많은 수의 환자가 발생하였으며, 이후 빠른 속도로 베트남과 싱가포르, 한국을 비롯한 아시아 국가를 거쳐 캐나다,

미국 일부지역과 유럽까지 감염자가 나타났다. 이후 WHO에서 9개 국의 사스 환자들을 중심으로 임상양상과 치료과정을 분석하면서 감염병의 원인 바이러스와 역학에 대해 알려졌다. 2003년 7월 5일, WHO가 마지막으로 대만을 사스 위험 지역에서 해제함으로써 광풍이 일단락되었다.

한국에서는 2003년 3월 16일 사스에 대한 감시체계가 작동하였다. 공식적으로 3명의 사스 추정환자와 17명의 의심환자가 보고되었다. 우리나라는 2002~2003년 사스 유행 기간 동안 WHO와 미국 질병통제예방센터(CDC)의 진단기준을 그대로 적용하였지만, 사스 발생 우려지역에 대해서는 별도의 기준을 만들어 운영하였다. 한국의 사스 전파는 중국과 홍콩에서 장기간 체류한 국민에 의해 이루어졌다. 호흡기나 체액, 분비물을 통해 전염되고 일상적인 접촉에 의한 영향은 크지 않은 것으로 보고되었다. 즉, 지역사회 전파보다는 병원에서 환자를 보는 의료진에 의한 2차 전파를 막기 위한 노력이 진행되었다.

한국의 사스 방역 기본 원칙은 위험지역에서 입국하는 사람들을 대상으로 한 검역과 능동적인 감시, 그리고 입원환자에 대한 감시 체계를 강화하여 의심환자를 조기에 탐지하는 것에 초점을 두었다. 더불어 의심환자에 대한 사례조사와 격리조치를 통해 병원 내 확산을 방지하고자 하였다. 나아가 환자와 접촉한 사람들과 위험지역 출발 입국자 등 고위험군에 대한 능동적인 감시 체제를 강화하였다. 정부는 체계적 대응을 위해 국무조정실이 컨트롤 타워가 되고 관련 부처가 참여하는 상황실을 설치하여 사스 방역정책을 시행하였다. 외교부는 각국 공관을 통해 사스 발생 현황을 파악하여 정보를 수집하고, 행정자치부는 홍보자료를 배포하고 언론의 협조를 구하였다. 위험지역 입국자를 대상으로 한 추적조사도 이 때에 시행한 것이다. 그 성과로 3번째 추정 환자를 특정할 수 있었다. 이러한 추적조사와 능동감시를 통한 감시 체제를 통해 지역사회의 전파를 신속히 막고 확진자를 최소화하는 데 성공적이었다는 평가를 받았다. 일단 사스가 지역사회 확산 단계로 발전하였다면 이후에는 대응이 어려웠을 것이라는 예측도 가능하다. 당시 지역사회 감염을 추적하기 위한 역학 조사관이 충분하지 않았고 감염병에 대응하기 위한 법적 근거와 체계가 완비되지 않았기 때문이다.

한국과 비교하여 사스가 크게 유행한 홍콩의 상황은 달랐다. 홍콩의 사스 유행은 3단계로 구분된다. 1단계는 병원 의료진을 중심으로 집중 확산된 단계이다. 시작은 중국 광저우의 한 병원에서 이형폐렴 환자를 돌보던 의대 교수가 홍콩을 방문한 것이 계기가 되었다. 같은 호텔, 같은 층에 머물던 싱가포르, 베트남, 캐나다, 홍콩 국적의 투숙자가 사스에 감염되었고, 이들이 자국에서 사스를 퍼뜨리는 수퍼 전파자가 되었다. 특히 홍콩 투숙자가 자국 프린스 오브 웨일즈Prince of Wales 의대 부속병원에 입원하였는데, 이로 인해 병원 전체가 사스에 노출되면서 100명 이상의 의료진이 사스에 감염되었다.

2단계는 병원 울타리에서 벗어나 지역사회로 감염병이 확산된 지역감염의 시기이다. 가장 심각한 사례로서 2003년 아모이 가든淘大花園 아파트에서만 주민 329명이 사스에 감염되었고 이 중 33명이 사망하였다. 마지막 3단계는 홍콩 전역의 8개 병원과 170개 이상의 주택단지에서 확산된 시기로서, 일일 확진자수는 감소되기 시작한 시기이다.

지역감염 시기인 2단계의 아모이 가든 사례에서 수퍼 전파자는 중국 선전 출신의 남성이었다. 그는 1단계 확산 중심지인 프린스 오브 웨일즈 병원에서 치료를 받았고, 간호사와 그의 가족이 차례로 사스에 감염되었다. 앞서 설명한 것처럼, 사스는 코로나와는 달리 일상생활에서는 쉽게 전파되지 않는 질병이다. 그런데 지역사회 감염은 어떻게 가능했던 것일까? 홍콩 보건부는 관련 부처와 공동으로 진행한 현지 조사 등을 통해 그 원인이 대변에 있다고 보았다. 사스의 주된 증상이 설사인 만큼, 상당한 양의 바이러스가 하수도를 통해 방출되었고 다른 가정에 유입되었을 것이라는 지적이다.

아모이 가든 아파트는 모든 층에 하수를 모으는 수직 토관이 있다. 토관은 화장실과 목욕탕, 욕실바닥 배수관이 하나로 연결되어 있는 구조이고 악취와 벌레가 가구로 유입되는 것을 막기 위해 U자 트랩이 설치되어 있다. 그럼에도 불구하고 U자 트랩은 바이러스가 퍼지는 것을 막지 못했다. 이는 문화적 특징과 연관이 있다. 홍콩 가정은 보통 화장실 바닥을 물로 세척하기보다는 걸레로 닦기에, 화장실을 사용하면서 발생하는 수증기와 습기가 바이러스를 나를 가능성이 커진다. 홍콩은 1842년부터 1997년까지 영국의 식민지 시절 동안 영국의 문화와 생활 방식이 홍콩에 널리 보급되었다. 영국에 대중적인 형태로서 바닥을 걸레로 청소하는 건식 화장실이 홍콩에 도입되었다. 특히 습식 화장실에 비해서 설치와 관리가 용이하고 나아가 고온 다습한 홍콩 날씨에도 적합하여 일반적인 형태로 자리잡았다. 이러한 화장실 문화가 고밀도로 개발된 홍콩의 주거개발 형태와 어우러져 감염병 확산을 가능하게 한 것이다.

홍콩은 전례 없는 감염병 사태를 통해 몇 가지 원칙을 세우고 방역 체계를 구축하였다. 먼저 감염병에 대한 예방교육과 홍보를 적극적으로 펼치고 감염원을 추적하는 시스템을 강화하였다. 또한 5개 주요 방역 정책을 마련하였다. 이른바 ① 강제로 격리하여 접촉을 방지하고, ② 초중고교와 대학교를 모두 포함해 정규 교육을 중단하였으며, ③ 홍콩과 중국 본토 간 역학 정보를 신속하게 교류하였다. 아울러 ④ 출입국시 여행객의 체온 점검과 건강 설문지 작성을 의무화하고 ⑤ 홍콩 전역에서 클렌징 캠페인cleansing campaign을 펼쳤다. 이 말고도 본토와 세계 보건기구 간의 소통과 협력 체계를 강화하였으며 사스 확진 여부를 판별하기 위한 신속 진단법을 개발하였다.

홍콩에서 사스가 위력을 잃게 된 것은 홍콩 보건부가 사스를 법정 전염병으로 등록하는 법을 통과시킨 노력의 결실이다. 법을 통해 사스 감염 환자를 병원에 격리하였으며, 가족과 밀접 접촉을 한 사람들은 초기에는 자가격리를, 이후에는 격리 센터에서 10일 간 시설격리 조치를 받았다.

사스 초기에 홍콩에는 전염병을 치료하기 위한 전문병원이 없어 환자를 격리하고 치료하는 데 어려움을 겪었다. 이로 인해 무역과 관광의 중심지인 홍콩의 경제에 막대한 영향을 미쳤다. 홍콩 정부는 2003년 5월, 향후 발생 가능한 감염병과 사스의 재유행에 대응하는 후속 조치와 방안을 발표하였다.

홍콩 외에도 사스에 심한 타격을 받은 대만과 싱가포르는 국경을 중심으로 체온 측정과 추적조사를 진행하였다. 특히 대만은 일부 병원에서 사스 감염 사실 보고를 누락하여 초기 대응에 실패하면서 346명이 감염되고 그 중 81명이 사망하여 치명률이 23.4%에 달했다. 이를 계기로 감염병 확산을 방지하기 위한 체계를 설계하고 운영하기 시작하였다. 이후 중앙정부는 감염병 확산을 방지하기 위해 꾸준히 방역 훈련을 시행하고 확진자, 접촉자, 의심자를 관리하는 프로그램을 만들어 적용하고 지역별로 감염 전담병원을 지정하는 등 감염병 진압을 위한 이중, 삼중의 장치를 마련하였다.

1.2 메르스, 성장통

사스와 코로나19는 지리적으로 가까운 중국에서 최초의 확진자가 발생하여 인접한 동북아 국가에 먼저 영향을 미쳤다는 점에서 설명이 단순하다. 2009년 미국에서 처음 발생한 신종 인플루엔자(H1N1)도 미국의 세계적 영향력을 인정하면 세계적으로 무려 214개국에서 확진자가 발생했다는 점을 이해할 수 있다. 사우디아라비아에서 최초 발생하여 중동을 중심으로 확산되던 메르스가 2015년 한국에서 유행하게 된 계기와 확산경로는 어떠할까?

사우디아라비아에서 메르스가 처음 보고된 것은 2012년이다. 이후 2014년 메르스 환자가 키우던 낙타의 코에서 유전자가 99.8% 일치하는 바이러스를 발견하고 낙타를 통해 사람에게 매개되었을 가능성이 발표되었다. 초기 발견 이후에도 중동에서 단발적으로 소규모 감염 사례가 보고되었는데, 주로 가족 간 감염 사례나 의료기관에서의 제한된 집단 발병이 주를 이루었다. 필자(김태형)는 서울대 부임 전해인 2014년에 사우디아라비아의 킹파드석유광물대(King Fahd University of Petroleum and Minerals)에 근무하였는데, 초기에 낮은 감염률을 보여 병원조차 특별한 방역 조치를 취하지는 않았다. 주로는 낙타 사육업 종사자 간의 감염이나 부유층이 사막에 텐트를 소유하고 별장처럼 이용하는 경우가 있어 휴가 동안 걸리는 사례가 일반적이라 전국적으로 낮은 인구밀도와 접촉 빈도에서 급속한 전파는 예상되지 않았다. 방역 조치도 사우디인들이 악수를 즐기는 편이라 민감한 사람들만 손세정제를 구비하여 악수 후에 상용하는 정도로 이루어졌다. 그러다 2014년에 2개월 동안 350명의 감염자가 발생하였다.

350명의 감염자 중 2015년 5월 중동에 다녀온 1인을 통해 한국에서 186명이 전염되고 38명이 사망하여 치명률이 20%를 육박하였다. 또 다른 68세 남성은 중국 여행 이후 폐렴 증상을 보여 평택성모병원에 입원을 하였고 호전이 없어 삼성 서울병원에 이송되었다. 병원은 전입 환자의 중동 여행력을 확인하고 메르스 의심환자로 신고하여 추가 환자 방지에 기여하였다. 그렇지만 원래의 평택성모병원에서 감염자가 대거 발생하는 것은 막지 못 하였다. 같은 병실에 입원했던 환자들이 정보가 없는 상태로 여러 병원으로 분산되어 추가 환자를 발생시켰다. 특히 같은 병실에 입원했던 환자들 중 34세 남성은 삼성 서울병원 응급실에 방문하였고, 이에 환자 675명 보호자 638명, 의료인 218명과 접촉하고 82명의 환자를 추가로 발생했다. 이 집단 감염 사건은 숙주 요인보다는 한국 특유의 병원 문화가 유래한 것이라고 볼 수 있다. 현재까지도 개선이 요원한 혼잡한 응급실과 일인실보다는 다인실로 운영하는 효율성 중심의 병동 시스템, 한국적 병문안과 간병 문화, 병원 내 감염관리 시스템의 부재 등이 결합한 결과이다.

한국은 2009년 신종인플루엔자 A형(신종플루) 범유행 이후 질병관리본부(현 질병관리청)에 공중보건위기대응과를 설치하여 운영하였으나 메르스를 막지는 못하였다. 이는 역학조사와 과학적 방역조치 미비에 따른 결과이다. 메르스 초기에 정부는 확진 또는 의심 환자와 신체 접촉이 있거나 환자가 증상을 보이는 동안 반경 2미터 안에서 1시간 이상 함께 머문 사람을 밀접 접촉자로 구분하여 격리하였다. 그러나 중앙방역대책본부의 예상과 달리, 다른 병실에 입원한 환자가 확진되는 사례가 발생하여 국민적 불신을 증가시켰다. 또한 밀접 접촉자가 격리되지 않고 출국하여 중국 보건당국에 의해 확진을 받은 일이 있기도 하였다.

이런 통제와 방역 조치에서 보인 틈이 인터넷과 SNS를 통해 괴담처럼 퍼지기 시작하였다. 이를 잠재우기 위해 정부는 2015년 6월 1일부터 메르스 관련 정례 브리핑을 시작하였다. 그렇지만 확진자 발생과 경유, 의료기관 이름과 같이 국민들이 궁금해하는 정보는 공개하지 않아 불신을 키웠다. (이에) 불안감을 느낀 국민들은 외출을 삼가고 자발적인 거리두기에 동참했다. 이로 인한 소비활동 위축은 지역 및 국가 경제에 타격을 주었다. 외국인 방문객 수도 급감하였다. 한국은행은 메르스 사태로 인한 외국인 관광객 수 감소가 국내총생산 성장률을 0.1% 감소시키는 효과를 낳을 것으로 추정하였다.

2015년 7월, 중앙메르스관리대책본부는 메르스 후속관리계획을 발표하였다. 2016년에는 보건복지부를 중심으로 「2015 메르스 백서: 메르스로부터 교훈을 얻다!」를 발간하고 이를 통해 방역 시스템 개선 방향을 제시하였다. 제도적으로는 메르스 대응에서 불거진 문제점을 해소하기 위해서 「감염병의 예방 및 관리에 관한 법률」 일부를 개정하였다. 동법을 통해 신종의 해외 유입 감염병을 제4군 감염병으로 지정하는 것이 가능해졌고, 방역관과 역학조사관의 권한을 법률로 명시하여 환자 관리에 필요한 정보 수집과 관계기관 협조 요청을 위한 근거를 마련하였다. 아울러 의료기관에서 거짓으로 진술하거나 그 밖에 감염병 업무를 방해하는 행위에 대한 처벌이 가능해지고 격리자 및 입원자가 입을 경제적 불이익을 보전하기 위한 보상근거도 제시되었다.

메르스는 사실상 백신이나 치료제로 잠재운 것이 아니라 역학조사와 격리, 검역과 같은 전통적 조치가 효과를 보였다. 이를 계기로 감염병 유행을 통제하는 데에 공중보건조직과 인력의 필요성을 인지하게 되었다. 정부는 국가방역체계를 개편하여 질병관리본부의 역량을 강화하고 신종 감염병 유입에 대비하기 위한 관리체계를 확립하였다.

1.3 코로나19, 검은 백조인가, 회색 코뿔소인가?

21세기에 들어 경험한 사스와 메르스 언제라도 한정된 지역에서 발생하는 에피데믹epidemic이 전세계 전염병을 뜻하는 팬데믹pandemic으로 발전할 수 있다는 가능성을 시사한다. 교통의 발달과 이동성의 향상으로 감염병 전파의 공간적 범위에 경계가 사라지고 전파 속도도 눈에 띄게 늘게 되었다. 현대 사회의 감염병 발생의 원인으로는 교통 및 물류 확대와 함께 도시화와 산업화, 지구촌화, 그리고 기후변화를 꼽는다. 코로나19 팬데믹 이전의 사스와 메르스도 이에 따라 감염 발생 도시의 인접지역 외에 경제, 산업, 관광 도시를 중심으로 세계적 확산이 가능하였다. 아래에서는 메르스를 겪은 한국과 아울러 사스를 통해 감염병 대응의 초석을 마련한 중국, 대만, 홍콩, 그리고 역사적으로 감염병의 피해가 적었던 일본에서 코로나19에 어떻게 대응하였는지를 자세히 살펴본다.

(1) 코로나19 바이러스의 특징

코로나19 이전에 팬데믹이라는 말은 생소한 용어였다. 풍토병을 뜻하는 엔데믹endemic이나 제한된 지역에서 전파되는 에피데믹epidemic이 일반적인 감염병의 양상이었다. 반대로 팬데믹은 사람들이 면역력을 갖고 있지 않은 동안 질병이 전세계로 확산되는 현상을 말한다. 이 기준에 의하면 장티푸스나 천연두, 흑사병, 콜레라, 신종플루가 적어도 한때 팬데믹이었고 코로나19도 이에 속한다.

사스와 메르스는 처음 보고된 이후, 첫 발병이 보고된 지역을 중심으로 확산하는 양상을 보였다. 코로나19는 이러한 에피데믹 기간이 매우 짧았다. WHO 사무총장도 코로나19 초기에 중국이 이를 효과적으로 통제하고 있다고 평가하였다. 국제기구조차 예상하지 못한 속도로 전파된 까닭으로 전세계가 막대한 타격을 입었다.

한국에서 공식적으로 코로나19라고 불리는 COVID-19은 2019년 말에 처음 인체 감염이 관찰되었다는 뜻으로 명명되었다. 이전에는 발병이 어디서 처음 보고되었는지를 중심으로 스페인독감(1918년), 아시아독감(1957년), 홍콩독감(1968년), 그리고 중동호흡기증후군을 뜻하는 메르스(2012년) 등으로 명명하였다. 그러나 이와 같은 이름 짓기가 특정 지역과 국가에 대한 낙인 찍기처럼 작용할 수 있어, 이후로는 WHO에서 중립적 용어를 사용하기로 결정하였다. 실제로 스페인독감은 스페인에서 유행한 것이 아니라 미국 캔자스에서 퍼진 것이라는 설이 유력한데, 당시 제1차 세계대전의 중립국이었던 스페인 언론이 처음 주목하고 '보고'하기 시작해서 스페인독감이라고 불린 것이다. 팬데믹 초기에 언론에서 코로나19를 '우한 폐렴'이라고 부르다가 이를 정정하게 된 것도 WHO 권고에 따른 것이다.

코로나19는 2019-nCoV 신종 코로나 바이러스가 발생시키는 전염병이다. 코로나 바이러스는 현미경으로 관찰했을 때 마치 구球, sphere에서 방사형으로 빛이 퍼지는 형태가 태양을 비롯한 항성의 코로나와 비슷하다고 해서 왕관의 모양을 따서 붙여진 이름이다. 사스나 메르스도 코로나 바이러스에 의한 것으로 호흡기 질환을 발생시키는 특징이 있다.

WHO에 의하면 코로나19는 동물에서 비롯된 것으로 판단된다. 바이러스의 유전자를 분석해보면 박쥐에서 유행한 질환의 바이러스와 비슷하기 때문이다. 따라서 박쥐에서 유래하였거나 박쥐의 바이러스가 다른 야생동물을 중간 숙주로 거쳐 사람에게 옮겨왔을 가능성이 높다.

코로나19 바이러스는 이전의 코로나 바이러스처럼 보균자가 기침이나 재채기를 할 때, 또는 말을 할 때 침방울로 배출된다. 감염은 침방울이 눈, 코, 입의 점막에 그대로 튀거나 숨쉬기로 마시는 경우, 또는 주변에 떨어진 침방울을 만지고 이어 눈, 코, 입에 손을 대 발생한다. 초기에는 이와 같은 경로로만 전염이 되는 것으로 파악하고 물리적 거리두기만으로도 통제가 가능한 것으로 파악하였다. 그러나 곧바로 병원, 교회, 커피숍, 노래방, 실내운동시설, 아파트 등의 집단 감염 사례를 통해 공기를 통해서도 확진자와 함께 머물거나 확진자가 떠난 직후에 밀폐된 공간에 방문해도 상당히 쉽게 넓은 공간에서 전파가 가능한 것으로 밝혀지게 되었다.

모든 생명체가 진화의 과정을 거친다. 바이러스도 새로운 변이가 발생한다. 코로나19는 백신이 없는 상황에서 급격한 팬데믹화가 진행되었으나 국제적인 노력으로 상대적으로 빠른 시기에 화이자, 모더나, 아스트라제네카 등 다국적 제약회사에 의해 백신이 개발되었다. 백신 개발과 같이 부상한 희망이 집단면역이었다. 지역사회 감염이 가능해진 상황에서 주민 중 어느 정도 백신 접종으로 면역력을 갖추면 더 이상의 지역사회 감염이 멈추게 된다는 집단 저항성에 대한 기대이다. 접종률 70% 정도를 집단면역의 기준점으로 보았다. 그러나 백신 접종은 정치적인 이유나 접근성 문제로 예상과 달리 어느 수준 이상의 진척을 이루기 어려웠다. 집단주의적인 문화로 아시아 국가에서는 비교적 높은 접종률을 보였으나, 이마저도 백신 후유증으로 사망자가 발생하면서 취약계층에서는 접종률이 특히 저조하였다. 미국의 경우에도 백신 접종을 정치적으로 해석하여 특히 공화당과 비도시 지역에서 거부감이 높았다. 나아가 선진국 간에 백신을 독점하여 가격 지불능력이나 교섭력이 떨어지는 국가에서는 백신 확보에 뒤쳐지게 되었다. 이러한 상황은 코로나19가 세력을 계속 유지하고 지역별로 변이 바이러스를 등장시키게 하였다. 결국 변이 바이러스의 지속적 출현은 사회에 혼란을 가중시키고 팬데믹이 끝나지 않을지 모른다는 불안감과 무기력증을 야기하였다.

(2) 대만, 성공적인 초기 방역

대만은 2002년 사스 확산을 막는 데는 실패했지만, 이를 교훈 삼아 체계적인 방역 정책을 마련하고 코로나19에 선제적으로 대응할 수 있었다. 중국과 지리적으로 가까우며 교류도 활발하지만 코로나19 발생 초기(2020년 6월)에는 인구 10만 명 당 코로나19 확진자가 1.9명으로 세계적으로 낮은 비율을 보였다. 당시에 한국과 중국의 10만 명 당 확진자 수는 각각 23.3명, 5.9명이었다.

이는 국가 주도의 신속한 대응이 중요한 역할을 한 것으로 평가된다. 대만은 중국 우한에서 원인불명의 폐렴 환자가 격리 치료를 받고 있다는 정보를 입수하자 WHO가 팬데믹을 선언하기도 전에 곧바로 중국으로 전문가를 보내 정보를 수집하고 이를 적절한 방역 정책을 수립하는 데에 사용하였다.

대만 정부는 코로나19 대응을 위해 방역, 구제, 진흥을 기본 원칙으로 하여 국내외 확산 양상에 맞춘 단계별 세부 조치를 수립하였다. 특히 감염병의 지역 내 확산을 막기 위해 출입국 관리에 총력을 기울였으며 방역 물자 관리, 지침위반 시 제재 규정 강화, ICT 기술을 기반으로 한 방역 정책에 초점을 두었다.

무엇보다도 한국의 출입국 허용과 비교하여 국경 폐쇄를 초기에 강력히 시행한 것이 특징적이다. 1월 말부터 중국 우한에서 출발하는 입국자를 거부하였으며 이어서 홍콩과 마카오를 시작으로 중국 전역에 입국 금지령을 선포하였다. 3월부터는 체류증이나 외교공무증명서 소지자 등 특별한 목적을 제외하고는 외국인의 대만 방문을 전면 통제하였다. 그 밖에도 해외 입국자에 대해 14일 간의 자가격리를 의무화하고, 여행객의 출입국 정보와 방역추적시스템을 연계하여 ICT 통합 관리 시스템을 마련하였다. 대만은 중앙 정부와 방역 당국의 주도 하에 강도 높은 방역 정책을 이어갔고 제로 코로나Zero Covid에서 위드 코로나With Corona로 정책의 변경 또한 변이 바이러스 확진자 증가에 따른 어쩔 수 없는 선택이라기보다는 확진자 대비 사망자 추이를 통해 과학적인 방역 정책을 추진하고자 노력하였다.

|제 2 장|

감염병과 도시

코로나19는 반대로 감염 위험이 낮은 자연과 공원 등의 녹지 또는 그린 스페이스(green space)와 광장 등의 열린 공간 또는 오픈 스페이스(open space)에 대한 관심을 증폭시켰다. 교통량 감소 등의 변화는 대기질을 개선시키기도 하였지만 택배 포장과 배달음식 일회용품 증가로 폐기물을 양산하는 결과도 초래되었다. 본 장에서는 도시가 내재한 감염 취약성과 팬데믹이 불러온 새로운 흐름을 살펴보고 앞으로의 변화에 대해서 풀어내고자 한다.

2. 감염병과 도시

인류는 도시에서 생활하며 다양한 감염병을 경험해 왔다.[1] 감염병은 많은 목숨을 빼앗아갔지만, 도시는 이를 극복하며 개선되고 성장하는 계기를 만들었다. 지속적인 도시화(urbanization)로 한국은 현재 국토의 81%, 일본은 92%, 중국은 64% 등 높은 도시화율을 보이고 있으며 도시로의 인구 유입이 끊이지 않고 늘고 있다. 교통 수단과 정보 기술의 발달로 설명되는 글로벌화(globalization)는 세계 각국을 도시를 중심으로 하여 연결하는 네트워크 망을 만들었다. 생태학적으로 도시는 사람과 물자를 포함한 물질(materials), 에너지(energy), 정보(information)의 흐름(flow)을 최적화하는 효율적인 조직으로서 감염병 전파에도 마찬가지이다. 이에 지난 수 세기 동안 도시는 전염병의 영향을 집중적으로 받았다.

코로나19가 이전의 팬데믹과 다른 점은 물질, 에너지, 정보의 이동 방식에 변화를 이끌었다는 점이다. 사람들은 재택근무, 온라인 쇼

---

[1] 인류학자들은 기원전 26~20세기경의 고대 도시들을 도시의 기원으로 보고 있다.

핑, 음식 배달 등 비대면으로 근무와 학업, 상거래, 여가 활동을 대신하였다. 이러한 비대면 활동의 증가는 도시의 인구밀도를 감소시키고, 교통량을 완화하는 효과를 가져왔다. 코로나19는 반대로 감염 위험이 낮은 자연과 공원 등의 녹지 또는 그린 스페이스green space와 광장 등의 열린 공간 또는 오픈 스페이스open space에 대한 관심을 증폭시켰다. 교통량 감소 등의 변화는 대기질을 개선시키기도 하였지만 택배 포장과 배달음식 일회용품 증가로 폐기물을 양산하는 결과도 초래되었다. 본 장에서는 도시가 내재한 감염 취약성과 팬데믹이 불러온 새로운 흐름을 살펴보고 앞으로의 변화에 대해서 풀어내고자 한다.

2.1 도시 감염병에 관한 역사적 교훈

(1) 흑사병

철학자 발터 벤야민Walter Benjamin은 문화·예술적 공간이자 현대사회를 반영하는 공간으로서 도시의 중요성을 강조했다. 그는 도시 공간이 이전의 삶의 공간과 다르다면 이를 경험하는 방식도 달라진다고 주장하였다.[2] 그의 주장을 빗대 코로나19의 영향을 설명하자면, 코로나19가 등장하면서 도시를 체험하는 방식이 다르게 나타나게 되었다고 볼 수 있다.

도시 공간 활용에 대한 패러다임을 전환시킨 사건 중 가장 주목되

---

2 심혜련(2010). 초현실주의적 도시와 도시 체험: 발터 벤야민 이론을 중심으로. 범한철학. 56(1): 207~234. 윤미애(2020). 발터 벤야민과 도시산책자의 사유. 문학동네.

는 것이 14세기 흑사병이다. 역사상 발생했던 다수의 사건 중에 사망자 수로만 본다면 중세 유럽에서 유행한 흑사병이 가장 큰 규모의 재앙이었다고 말할 수 있다. 독일어인 페스트pest라고도 불리는 흑사병은 대유행 기간(1347~1351년) 동안 2,000만 명에 가까운 사망자를 발생시켰으며, 전세계적으로 1345년부터 1840년까지 500년 동안 7,500만~2억 명으로 추정되는 사망자를 발생시켰다.

흑사병은 본래 쥐벼룩에 의해 전파되는 예르시니아 페스티스 Yersinia pestis라는 균에 의해 발생하며, 중앙아시아에서 시작된 것으로 추정된다.[3] 균은 실크로드를 따라 오가던 상인들에 의해 중앙아시아를 건너 흑해와 크림반도를 거쳐 이탈리아에 도달하였고 이후 유럽 전역으로 퍼져 나갔다. 감염되면 약 6일 간의 잠복기를 가지며 흉부통증, 기침, 각혈, 고열, 호흡 곤란을 호소하다 사망하는 경우가 대다수였으며, 내출혈로 인해 발생하는 피부의 검은 반점 때문에 흑사병이라고 불렸다. 이 질병은 19세기까지 유럽에서 산발적으로 유행하였다.

흑사병은 감염병 대응을 위한 도시 구조의 변화와 공중 위생 제도 도입의 계기를 마련하고 이를 통해 사람들의 생활방식에 직·간접적으로 영향을 미쳤다. 흑사병 이전에 유럽의 도시는 몰려드는 인구를 부양할 수 있는 오물 처리 시스템을 갖추지 않았다. 흑사병의 숙주인 쥐벼룩을 몸에 지닌 쥐와 인간이 뒤섞여 사는 불결한 환경이 조성되어 전염병이 퍼지는 데 적합한 조건을 갖추고 있었다.

---

3 동아사이언스(2022). 유럽 초토화시킨 흑사병, 중앙 아시아에서 시작했다. https://m.donga science.com/news.php?idx=54901

흑사병이 한번 도시에 퍼지면, 감염자 사망으로 인구가 크게 줄어야만 유행이 멈췄다.

영국의 엘리자베스 1세는 흑사병 확산을 차단하기 위해 1580년부터 몇 년 동안 런던 시경계를 따라 3마일 내외 지역에 건물 신축을 금지하고 여기에 숲을 조성하였다. 인구의 신규 유입과 도시 확산을 방지하기 위한 이 3마일 벨트는 현대 그린벨트의 시초로 볼 수 있다. 아쉽게도 이 조치는 흑사병 확산을 방지하는 데 효과적이지 못했다는 평을 받는다.[4] 신축 금지에 대한 면제권을 구입할 수 있는 등 강제성이 낮았기 때문이다.

흑사병으로 경제제도 및 사회계층 구성에 큰 변화가 나타났다. 흑사병 유행 전 권력을 장악하던 봉건귀족과 가톨릭 교회를 몰락시켰다. 봉건귀족은 신분제도상 평민에 속하는 농노를 채무관계를 통해 경제적으로 예속시켜 각종 부역과 공납 등을 요구하였다. 그러나 흑사병으로 농노 중 사망자가 크게 늘어 노동인구의 절대적 감소로 봉건제도가 쇠퇴하게 되었다. 이와 함께 사망자가 도시 노동계층에 더욱 집중적으로 나타나면서 노동자 임금을 상승시키고 이촌향도를 가속화하였다. 가톨릭 교회의 권위도 약화되었다. 가톨릭 교회에서는 흑사병을 신의 형벌로 간주하였으나 고위 성직자들이 이를 종교의 힘으로 극복하기보다 이를 피해 달아났고, 이에 권위가 약화되는 동시에 종교개혁의 움직임이 일어나기 시작하였다. 이를 보면 도시화와 종교개혁을 매개로 흑사병은 유럽에서 중세시대의 막을 내리고 근대사회로 나아가는 문을 열었다고 평가할 수 있다.

---

4 Halliday, Stephen (2004). Underground to Everywhere. Sutton Publishing. p. 118.

이와 같은 전염병을 겪으면서 공중보건제도가 도입, 정비되었다. 14세기 이탈리아는 입국자 검역 제도를 도입하였다. 베네치아 항구로 들어오는 모든 선박은 접안 상태로 항구에서 40일 동안 격리되었으며 감염되지 않았음을 확인한 후에만 내릴 수 있었다. 예방 차원의 차단을 뜻하는 격리(quarantine)는 40을 의미하는 라틴어 quadraginta(이탈리아어 quarantina)에서 유래하였다.

(2) 콜레라

페스트 이후 공중보건의 일대 정비가 이루어졌지만, 산업혁명을 겪으며 도시로 대거 사람이 몰리면서 환경용량(carrying capacity)을 넘어선 도시의 공중보건은 위기를 맞이한다. 1853~1854년 기간 동안 콜레라가 유행하면서 런던에서만 10,000명이 넘는 사람들이 사망했으며, 영국 전역으로 보면 사망자는 23,000명에 달하였다. 콜레라는 당시 영국 식민지였던 인도의 벵골 지방 풍토병으로, 영국 군인들이 유럽으로 나른 것으로 평가된다. 콜레라는 오염된 물이나 음식, 환자 배설물 등으로 전파된다. 일단 감염되면 설사와 탈수 증세를 보이며, 심각할 경우 사망에까지 이르게 된다.

당시 사람들은 콜레라가 공기를 통해 전파된다고 믿었다. 산업혁명 이후 농촌에 거주하던 사람들이 런던에 몰리면서 하수시설은 포화상태에 이르고 자정기능을 상실한다. 아울러 당시 하수시설은 배수 역할만 했을 뿐 처리 기능은 담당하지 않았다. 처리 기능이 없는 빈약한 하수시설로 길거리에 오물이 넘치고 그대로 템스강으로 흘러들어가 극심한 악취를 풍겼다. 전문가들은 악취가 공기를 오염시키고 그 공기를 통해 콜레라가 전파된다는 미아즈마 이론(miasma theory)을 주장하였다. 미아즈마란 물질이 부패하면서 발생하는 나쁜 공기를 일컫는다.

영국 의회는 미아즈마 이론에 근거해서 악취를 없애면 콜레라를 진압할 수 있을 것으로 생각하였다. 특히 1858년 여름에 런던에서 대악취 소동이 발생하자 런던 하수시스템에 대대적인 정비가 필요하다고 판단하기에 이르렀다. 19세기 영국 제국주의를 대표하는 정치가 벤자민 디즈레일리Benjamin Disraeli가 주도로 런던 하수도를 정비하기 위한 법안이 통과되었고, 이어 공사를 통해 하수구 악취가 사라지게 되었다. 그런데 콜레라는 다시 횡행하였다.

템스강 하수관 공사(1859년) ⓒ위키피디아

19세기는 현대에 널리 신뢰되는 이론으로서 미생물이 전염성 질병이 만든다는 세균이론(germ theory)이 나오기 이전이다. 그러나 외과 및 마취과 의사인 존 스노우John Snow는 미아즈마 이론에 의심을 품었다. 그는 런던 소호Soho 지역 지도에 콜레라 사망자의 주소를 표시하여 콜레라 발생에 핫스팟hotspot이 있는 것을 발견하였다. 이어 존 스노우는 주민들과 인터뷰를 하여 이들이 오수 처리 없이 방류되는 템스강 물을 마시는 것을 확인하고 콜레라가 발생한 핫스팟 주변 급수 시설을 중점적으로 살펴보았다. 이를 통해 사망자 거주지와 인터뷰로 사망률이 가장 높은 지역에 위치한 브로드윅 스트리트Broadwick Street 급수 펌프가 문제임을 밝혀내었다. 즉 하수도가 아닌 상수도 관리의 필요성을 확인한 것이다.

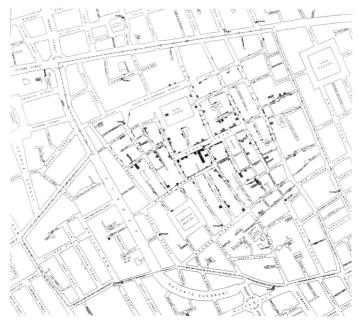

존 스노우의 콜레라 지도로 콜레라가 발생한 곳은 검정색으로 표시하였다. 이미지 가운데 검정색으로 표시된 곳들은 콜레라 확산이 특정지역에서 핫스팟을 형성하고 있음을 보여준다. ⓒ위키피디아

2.2 코로나19와 일상의 변화

필자(김태형)의 2023년 논문은 코로나19, 그리고 전반적으로 팬데믹에 의한 일상생활의 변화를 정리하여 보고하였다.[5] 먼저 물리적 접촉을 줄이기 위한 이동성 및 통행(주로는 대중교통을 이용한 통행)의 제한이다. 이것이 사실 다른 일상의 변화를 일으킨다. 둘째, 집에서 보내는 시간이 강제로 또는 자발적으로 증가하게 된다. 혼자 보내는 시간이 늘어나고 또한 평소보다 가족과 같이 보내는 시간도 늘어난다.[6] 셋째, 다양한 목적의 활동이 가정 내에서 이루어진다. 원래 학술적으로 통행은 모든 활동을 한 장소에서 할 수 없기 때문에 발생한다. 근무와 학습, 쇼핑, 여가 활동이 발생하는 장소까지 이동을 해야 한다. 그렇다면 통행의 효용은 목적지에서 활동(근무/학습, 쇼핑, 여가 등)을 하면서 발생한다. 이러한 통행 수요를 유발 수요(derived demand)라고 한다. 그런데, 통행이 제한되므로 근무/학습은 재택근무와 원격학습의 형태로 나타나고 쇼핑은 온라인 쇼핑으로 대체된다. 여가는 외식 대신 음식 배달(배달앱 사용), 개인화된 여가 활동으로서 독서 및 시청, 사회적 활동으로서 온라인 네트워킹이 늘어난다. 그리고 집에서 보내는 시간이 증가하면서 갈등이 확대된다. 싸움은 부부, 가족 간에 늘어나고 이웃 간에도 늘어날 수 있다.

먼저 팬데믹은 관광이나 출장 목적의 장거리 비정기 통행을 줄였

---

5 Gim, T.-H. T. (2023). The corona blues according to daily life changes by COVID-19: A partial least squares regression model. Growth and Change, 54(2), 386 – 403. https://doi.org/10.1111/grow.12655

6 코로나19로 집에서 보내는 시간이 증가하면서 이에 따라 가족과의 사회활동 시간이 더 증가했는지 혼자 보내는 시간을 더 늘렸는지는 확실하지 않다.

는데, 일상생활과 관련해서도 단거리 일간 통행도 줄였다. 통행의 변화는 정부의 정책에 의한 영향도 있고 이 말고도 개인이 감염 예방을 위해 스스로 줄인 까닭도 있다. 정부는 대중교통 이용에 직접적인 규제를 가하는 것과 함께 원격근무를 장려하고 비필수 서비스와 영업 활동을 통제함으로써 통행의 필요성을 줄이는 등 통행활동에 간접적으로도 영향을 미쳤다. 그렇다면 정부의 강제적 규제와 개인의 자발적 선택 중 어느 것이 코로나19로 인한 통행 감소에 크게 영향을 미쳤을까? 헬싱겐Helsingen은 2020년에 해답을 위해 인구 구조와 의료 체계가 유사한 노르웨이와 스웨덴에서 설문조사를 하여 통행 변화를 분석하였다.[7] 차이는 노르웨이는 팬데믹에 대해 강력한 사회적 거리 두기 조치를 시행한 나라이고, 스웨덴은 집단면역(herd immunity)을 목표로 완화된 정책을 시행했다는 점이다. 연구에 의하면 두 국가에서 모두 움직임이 없는 소위 좌식坐式 활동이 상승했는데, 노르웨이가 69%로, 50%인 스웨덴보다 더 늘어났다.

교육학 분야에서는 코로나19가 학교 폐쇄로 학생들의 학업 성과에 어떻게 영향을 미쳤는지를 연구하였다. 일반적으로 교실 수업에 비해 원격 수업의 성과가 떨어지고, 특히 팀워크 성과에 부정적인 영향을 미쳤다. 채용 심사 시에 코로나19 기간 정규 교육을 받은 지원자를 부정적으로 평가하는 경향이 부작용으로 발생하기도 하였다. 일반인을 대상으로 한 조사 결과, 코로나19 팬데믹 동안 성인은 독서를 학습 목적보다는 도피(escapism) 욕구를 충족하기 위한 수단으로

7 Helsingen, L.M., Refsum, E., Gj ø stein, D.K. et al. The COVID-19 pandemic in Norway and Sweden - threats, trust, and impact on daily life: a comparative survey. BMC Public Health 20, 1597 (2020). https://doi.org/10.1186/s12889-020-09615-3

사용한 것으로 보인다. 이에 독서가 시간(time)으로는 늘었지만 독서량(volume) 자체는 줄었는데, 이는 주의 집중이 어렵고 따라서 독서의 질(quality)이 하락했기 때문이다.

　중국 우한과 상해에서 각각 이뤄진 연구에 의하면 코로나19 봉쇄 기간 동안 일상적인 접촉이 7~8배가 감소하고 접촉은 주로 집에서만 발생하였다.[8] 집에서 가족과 보내는 시간과 가정 내 활동이 과도하게 증가하면서 사회 활동이 감소하고 사회 관계가 악화하였으며, 이에 따라 가정불화, 대인관계문제, 갈등이 증가하였다.

　위와 같이 코로나19 팬데믹은 사회 전반에 영향을 미쳤지만, 국경 폐쇄나 자발적인 여행 자제에 따라 공항과 항만의 풍경이 달라지게 되었다. 팬데믹 진앙지인 중국을 비롯해 여행주의국가들이 순식간에 늘어났고, 해외 여행객이 급속도로 감소하였다. 인천공항공사 집계에 따르면, 코로나19가 본격적으로 확산되기 시작한 2020년의 여객 수요는 전년 대비 97% 감소하였다. 한국과 같이 자발적인 조치를 취한 국가 외에 국경 폐쇄를 실시한 지역으로서 대만은 2020년 2월 5일부터 중국 본토를 방문한 모든 외국인의 입국을 금지하였으며, 싱가포르는 2020년 2~3월 한시적으로 외국인 입국을 통제하였다.

---

8 Zhang, H., Hook, J. N., Hodge, A. S., Coomes, S. P., Davis, C. W., Karwoski, L. T., …, & Aten, J. D. (2020a). The effect of spiritual fortitude on mental health symptoms amidst the COVID-19 pandemic. Journal of Psychology and Christianity, 39(4), 288 - 300. https://doi.org/10.1037/rel0000420 Zhang, J., Litvinova, M., Liang, Y., Wang, Y., Wang, W., Zhao, S., Wu, Q., Merler, S., Viboud, C., Vespignani, A., Ajelli, M., & Yu, H. (2020b). Changes in contact patterns shape the dynamics of the COVID-19 outbreak in China. Science, 368(6498), 1481 - 1486. https://doi.org/10.1126/science. abb8001

2020년 12월 30일 텅 빈 인천공항: 파노라마로 대한항공 체크인 카운터 전체를 촬영하였다. 원래 같으면 연말연시 시즌을 맞아 티켓팅을 하는 사람들로 북적였을 곳이다 (김태형ⓒ2023).

각국은 특정 국가 또는 모든 국가에서 입국하는 내외국인을 대상으로 콧속이나 목구멍 깊숙이 면봉을 넣어 체액을 채취하는 PCR 검사를 의무화하고 더불어 일정기간 동안 자가, 호텔 또는 시설에서 격리하도록 조치하였다. 한국은 입국자에 대해 PCR 검사와 2주간의 자가격리, PCR 검사 2회를 의무화하였다. 중국은 2020년 3월부터 모든 입국자를 대상으로 한 강제 격리 조치를 시행하였다.

불가피하게 외국을 방문해야 했던 사람들은 공항 이용과 비행기 탑승 시 마스크를 이중으로 착용하거나 페이스 쉴드와 방역복을 입는 등 개인 방역을 철저히 하였다. 미국 질병통제예방센터(CDC)는 국내 및 해외 대중교통수단 및 시설에서 마스크 착용을 의무화하였다. 코와 입을 완전히 덮는 형태의 마스크를 착용하고 만일 이를 충족하지 못했을 경우, 이를 보완하기 위해 페이스 쉴드나 고글을 착용하도록 권하였다.[9] 밑의 사진은 필자(김태형)가 2020~2021년 풀브라이트 학자(Fulbright Scholar)로 미국 국무부 초청을 받아 출국하던 2020년 12월 30일에 찍은 것이다. 2020년 말은 미국의 일일 확진자

---

9 https://www.0404.go.kr/dev/newest_view.mofa?id=ATC0000000008472&pagenum=1&mst_id=MST0000000000041

수가 처음으로 20만 명을 초과하여 관공서, 식당, 상점 등이 강제 휴업 또는 단축 영업 중이고 회사도 대면 서비스가 필요한 시설을 제외하고 재택근무를 수행하던 상황이었다. 필자는 여행 내내 마스크를 이중으로 쓰고 페이스 쉴드를 착용하였다. 당시는 출국자 수가 많지 않아서 이코노미석 한 열에 한 명만 탑승하고 따라서 이를 전용하고, 심지어 누워서 갈 수 있다고 하여 누워서 가는 이코노미석이라는 뜻의 '눕코노미'가 가능한 시절이었다. 물론 필자가 앉은 열도 아무도 타지 않았다.

2020년 12월 30일 미국행 기내에서 마스크를 이중으로 끼고 페이스 쉴드까지 착용한 필자(김태형ⓒ2023)

아래 그림은 포틀랜드 시내이다. 주요 관공서 벽에는 코로나19 위험성을 알리는 경고문이 걸렸다. 외부에서는 마스크 착용이 필수는 아니었고, 행인이 보이면 급히 마스크나 이와 비슷하게 코와 입을 가리는 마개로서 마스크 유사 용품, 즉 눈만 빼고 얼굴 전체를 덮도록 만든 기어로서 공수부대나 추운 지방에서 사용하는 바라클라바 balaclava, 주로 야외에서 러닝을 할 때 착용하는 목부터 코까지를 가리는 튜브형의 넥 가이터neck gaiter, 머리나 목에 두르는 천 조각인 반다나 bandana 두건을 착용하였다. 그러나 코로나19가 심해지자 거리에서도 마스크를 착용하고 심지어 사진과 같이 자전거를 타는 사람들도 마스크를 착용하였다.

2021년 1월 26일 미국 포틀랜드 시내(김태형ⓒ2023)

한국은 2020년 1월 20일에 첫 감염자가 발생하였으며, 2월 17일까지 약 30일간 30명의 확진자가 발생하였다. 이 중 대부분이 해외에서 감염되어 국내로 입국한 사례이다. 코로나19 확산 초기에 방역당국은 중국 본토, 특히 우한시를 방문한 이력이 있거나 37.5도 이상 발열 또는 기침과 같은 호흡기 증상이 있는 경우에 관리 대상자로 분류하여 검사를 시행하였다. 하지만 건강상태 질문서에 숙소 이름을 틀리거나 허위로 기재하여 접촉자의 능동 감시가 지연되는 사례가 발생하였다. 특히, 입국자를 대상으로 한 14일간의 의무 격리 조치는 4월 1일부터 시행하여 뒤늦은 조치가 아니냐는 비판이 일기도 하였다.

2020년 1월 25일에 대형 크루즈 다이아몬드 프린세스 호Diamond Princess 탑승객이 홍콩에 내려 6일 후에 병원에 방문했고 이후 2월 1일에 코로나19에 확진되었다. 크루즈 선박이 출항한 상태에서 다른 승객 10명이 코로나19에 확진되었다. 2월 4일부터 일본 요코하마항에서 정박한 상태로 격리가 되었고 인도인 138명(직원 132명, 승객 6명), 필리핀인 35명, 캐나다인 32명, 호주인 24명, 미국인 13명, 인도네시아인 4명, 말레이시아인 4명, 영국인 2명이 추가로 확진되었다. 자국에서 시민들을 구출하고 격리하는 조치를 시행하여 3월 1일에야 모든 탑승자가 하선하였다. 승선 인원 3,711명 중에 최소 712명이 확진되고, 이 중 14명이 사망하였다(2020년 4월 14일 기준). 일본 정부가 의료비용의 94%를 부담하였고, 해당 선박은 공식적으로 2022년 11월에서야 운항을 재개하였다. 한국 해양수산부도 2020년 2월 10일부터 국제 크루즈 선박의 입항을 전면 금지하기 시작하였고, 2022

년 10월에 해당 조치를 해제하였다.

한국에서 2월 중순까지는 코로나19 확진자들이 주로 중국에서 입국한 사례였다. 해외에서 유입된 확진자와 접촉한 사람들을 중심으로 전파가 되었으며, 따라서 공항과 항만이 위치한 서울, 인천, 대구, 부산 등 광역 교통 요지인 대도시를 중심으로 핫스팟이 형성되고 이를 축으로 하여 중소도시로 확산하는 형태가 일반적이었다. 대도시와 교통이 원활하여 외부 유입이 잦은 곳이나 대도시에서 집단 감염이 발생했을 때 포함된 사람이 본인 거주지로 이동하여 전파하는 식이었다. 이러한 형태로 2020년 2월의 청도 대남병원과 신천지 예수교 증거장막성전 대구교회에서 집단 감염이 발생하였다. 신천지의 사례를 보면, 밀폐된 장소인 교회에서 신도들 간에 교류하며 바이러스가 확산하고, 해당 교회를 방문한 타지인이 거주하는 지역 중소도시로 돌아가서 바이러스를 이동하게 되었다. 2월 18일 교회에서 확진자가 발생한 지 한 달 동안 대구·경북 지역 누적 확진자는 약 8,000명으로 늘어났다(대한민국 정책 브리핑, 2020/12/18).

코로나19가 지역사회에서 확산하는 것을 방지하기 위해 한국 정부는 2020년 3월 22일부터 사회적 거리두기 정책을 도입하였다. 정책은 국민행동지침(불필요한 외출 자제, 외식, 행사, 여행 등의 연기 혹은 취소, 2미터 거리두기, 개인위생수칙 준수 등)과 직장에서의 개인행동 지침(손 씻기, 다중이용공간 방문 자제, 거리두기, 개인물품 사용 등)으로 구성된다.

이는 코로나바이러스가 기침, 재채기, 대화 시에 콧물이나 침으로 나와서 날아 흩어지는 액체 방울인 비말에 의해 사람 간 전파가 발생하는 것을 막으려는 조치이다. WHO는 지름이 5~10 마이크로미터(μm)보다 큰 것을 비말, 5 마이크로미터 이하인 경우를 에어로졸aerosol 또는 비말핵(droplet nuclei)이라고 구분한다. 비말은 호흡기를 통해 외부로 나오자마자 1~2미터 안에서 바닥에 떨어지는 반면, 에어로졸aerosol은 공기 중에 떠 있을 수 있어 멀리 있는 사람에게도 전염하는 공기 전파의 가능성이 있다. 코로나바이러스는 오염된 손을 통해 전파되는 직접 전파나 비말 전파의 가능성이 있으며, 밀폐된 환경에서 장시간 비말을 만드는 특별한 환경이 조성되면 공기 전파의 가능성도 있는 것으로 확인된다. 이에 노래방, 커피숍, 주점, 헬스클럽 등에서 코로나 유증상자와 같이 있거나 떠난 직후 방문한 경우에 공기 전파의 형태로 감염되는 사례가 발생하였다.

정부는 밀폐된 공간에서 에어로졸이 발생하여 공기 전파가 발생하는 점을 고려하여 사람 간 접촉을 피하고 되도록 약속을 취소하여 집에서 시간을 보낼 것을 권고하였다. 그리고 지역사회 집단 감염이 밀폐, 밀집, 밀접이라는 3밀 특성을 보이는 불특정 다수가 이용하는 다중이용시설에서 발생하자, 이들 시설에 대한 영업 제한 등 집중 관리를 시행하였다.

이러한 정부의 강제적 조치와 함께 시민들의 자발적인 방역 활동으로 도시 안에서는 유동인구가 많은 지역, 3밀 특성을 보이는 다중이용시설 밀집 지역에 특히 영향이 크게 나타났다. 사무실이 많은 중구, 종로구 등 중심상업지역, 특히 관광객 방문이 잦은 명동과 종로에서 상업 매출이 전반적으로 감소하였다. 반대로 주거지 밀집지역에서의 코로나19 피해는 상대적으로 낮은 것으로 조사되었다.[10]

나아가 한국노동연구원의 조사에 따르면, 코로나19가 확산세를 보인 2020년 2월부터 상권과 비상권 지역 전반에서 생활인구 수가 큰 폭으로 감소하였는데, 이들 지역 간 차이도 두드러졌다. 주요 상권의 생활인구는 확산 초기인 2020년 2월에서 3월 동안 크게 감소한 후, 긴급재난지원금이 지급된 4~7월 기간 회복하였다. 반면, 비상권 지역에서는 2020년 9월까지 전년 동월 대비 꾸준한 증가세를 유지하였다.[11]

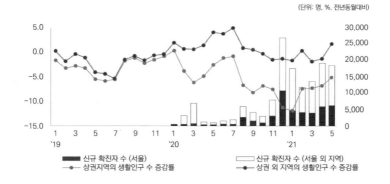

(단위: 명, %, 전년동월대비)

주 : 1) 전년동월대비 증감률 중 설날과 추석이 포함된 달은 매칭하여 사용함. 따라서 2020년 1월은 2019년 2월 대비, 2020년 2월은 2019년 1월 대비, 2020년 9월은 2019년 10월 대비, 2020년 10월은 2019년 9월 대비임.
2) 2021년 1~5월 증감률은 2019년 1~5월 대비임.
3) 상권 지역 외 생활인구 수: 서울시 전체 생활인구 수－상권 지역 내 생활인구 수
자료: 서울 열린데이터 광장, '집계구 단위 서울 생활인구(내국인)', 원자료, 각 연도.

서울시 주요 상권 내외 생활인구 증감률(좌) 및 신규 확진자 수 (우) 변화
(출처: 지상훈(2021) 재구성)

10 백지선(2022). 코로나19 발생이후 사업체의 매출 변화와 이의 지역간 차이. 응용경제. 24(2): 5~53.
11 지상훈(2021). 코로나19로 변화한 생활인구와 음식업 창폐업 행태: 서울시 주요 상권을 중심으로. 월간 노동리뷰, 한국노동연구원(2021년 7월호: 71~88).

이는 코로나19 팬데믹 기간 재택근무와 원격수업이 보편화되고 생활의 대부분이 집 안과 집 근처 지역사회에서 이루어졌기 때문이다. 더불어 집과 지역사회 만들기에 관심이 증가하였고 변화를 이끌었다. 비상권 지역 중 골목 상권의 성장도 두드러지는데, 이는 재택 시간이 늘면서 집 주변 음식점을 이용하거나 음식 배달 횟수가 늘어났기 때문이다. 하나금융경영연구소가 하나카드 사용 데이터를 분석한 결과에 따르면, 배달앱 이용 건수와 금액은 2020년 대비 2021년에 각각 29%, 35% 증가하였다.

팬데믹에 타격을 입은 업종은 이에 적응(adaptation)하기 위한 아이디어를 고안하였다. 관광 산업에서 가상현실(VR)과 증강현실(AR)을 이용한 체험을 제공하거나 숙박업체를 격리시설로 이용한 것들이 사례이다.

메르스를 포함하여 과거 팬데믹 대응으로 지자체는 교육시설이나 연수원을 활용하여 확진자 격리시설로 사용하였다. 하지만 확진자 급증과 함께 입국자 또는 확진자 동거인의 격리를 위한 시설 용량은 부족하였다. 따라서 지자체와 관내 숙박시설 간 업무 협약을 통해 입국자와 동거인이 숙박료의 최대 70% 할인된 저렴한 가격으로 시설에 머물 수 있도록 하였다. 업체들도 전문 의료 자격을 갖춘 것은 아니더라도 확진자를 수용하는 것은 아니므로 부담이 덜하고 인원을 꾸준히 수용하여 줄어든 매출을 보전하는 차원에서 상생의 모델로 평가되었다. 이와 같은 '안심숙소'를 도입한 수원시에서는 2020년 3월부터 2022년 5월까지 778일 동안 총 1,139명, 685가구가 이 서비스를 이용하였다.

유동인구 조사에서 인구수 1위에 오르던 명동길도 코로나19 한파로 인구가 급
감하였다. 특히 관광상권의 피해가 눈에 띄었다. 사진 가운데에 명동성당이 보인
다. 2021년 9월 3일(금) 명동길(김태형ⓒ2023)

2021년 11월 1일부터 정부가 단계적 일상회복을 뜻하는 위드코로나With Corona 정책을 실시하였다. 이에 따라 주요 상업시설의 영업시간이 정상화되고 일상으로의 복귀를 위한 다양한 노력이 시행되었다. 그 결과도 점진적으로 나타났다. 아래는 같은 명동길에서 같은 구도로 2022년 금요일 오후 4시 반에 촬영한 사진이다. 왼쪽은 5월 27일이고 중간과 오른쪽은 9월 9일이다. 중간과 오른쪽에서 유동인구가 더 많이 보일 뿐만 아니라 노점상도 늘었다. 위의 사회적 거리두기 시기의 사진과 비교하면 차이가 확연하다.

위드코로나와 명동길의 변화(김태형ⓒ2023)

한편, 팬데믹 대응이 어려운 업종이나 영업 형태는 쇠퇴하였다. 목욕업과 24시간 영업이 주요 사례이다. 목욕탕과 찜질방은 밀폐된 공간에서 영업이 이루어질 뿐만 아니라 마스크 착용이 어렵다는 점으로 팬데믹 기간 동안 이용자가 절반 이하로 감소하였다. 한국 목욕업 중앙회는 광주광역시에서만도 경영난으로 폐업한 업체가 팬데믹 이전 대비 20% 증가하였다고 보고하였다.[12] 국세청에 따르면 코로나

19 이전인 2019년 1월 말에 대중탕이 758개소였는데, 2023년 1월에는 571개소로 5곳 중 1곳이 문을 닫았다.[13] '대중' 목욕탕 대신 때밀이 서비스를 원하는 이들은 '1인' 세신샵을 찾게 되었다.

24시간 영업하는 업체가 감소하고 또 전체적으로 마감 시간이 앞당겨졌다.[14] 고객 입장에서는 밤에 택시비 부담으로 대중교통이 끊기기 전에 귀가하는 분위기가 팽배해졌고, 점주는 야간 고객이 줄은 상황에서 가스비, 전기료, 인건비 부담이 늘어 마감시간을 앞당기고 오후에는 휴점시간을 두는 등 영업시간을 단축하게 되었다. 편의점 GS25에 따르면 야간에 영업을 하지 않는 점포의 비중이 2018년 13.6%에서 2022년 19.0%로 상승했고, 이마트도 폐점시간을 오후 11시에서 10시로 앞당겼다.[15] 동아일보와 설문조사업체 틸리언프로가 2023년 3월에 공동으로 실시한 조사에 의하면 응답자 1,552명 중 36.7%는 저녁 모임을 9시 이전에 끝낸다고 답했고 10시 이전으로 늘리면 그 비율은 67.6%까지 확대되었다. 응답자 중 70.9%는 약속을 1차에서 마쳤다. 10명 이상이 참석하는 회식이 최근 1년 간 한 번도 없었다고 응답한 비중은 40.7%였고 2회 이하인 경우가 무려 76.8%를 차지하였다.

---

12 https://news.kbs.co.kr/news/view.do?ncd=5417611
13 https://v.daum.net/v/b1eo5UA0Q3
14 https://www.donga.com/news/Economy/article/all/20230314/118315023/1
15 https://www.donga.com/news/Economy/article/all/20230314/118315023/1

2.3 사회적 거리두기의 반작용으로서 야외 활동

의식주, 즉 옷을 입고, 음식을 먹고, 집을 갖는 것은 본능이다. 거주와 관련해서 사람들은 동굴 속에 사는 동물(cave animal)로서 이를 통해 안정감을 느낀다. 퇴근, 하교, 휴가 후 귀가하면 집에 들어가는 순간 편안해진다. 그러나 또한 끊임없이 영역(territory)을 확장하는 것도 본능이다. 야외 활동 통해 효용을 느낀다. 필자(김태형) 2023년 논문을 통해 코로나19로 인한 스트레스, 우울감 등 코로나 블루corona blues의 원인을 정리하여 학계에 보고하였다.[16]

원인 중 첫째는 코로나19가 예측이 상당히 어려웠다는 점이다. 따라서 감염에 대한 막연한 공포가 높았다. 정밀한 통제가 어려운 상황에서 정부는 전파를 막기 위해 이동의 자유를 갑작스럽게 억제하였고, 사람들은 밖에 마음껏 다니지 못하면서 지루함과 답답함이 가중되었다. 이러한 규제는 또한 왕래와 교류를 제한함으로써 사회적 관계와 커뮤니케이션을 단절시켰고 따라서 고립과 외로움 등의 감정을 확대하였다. 공포, 좌절감, 지루함, 불안감, 고립감 등의 감정은 불면증과 대인기피증을 직접적으로 일으키거나 악화한다. 이런 감정들은 특히 장보기와 같이 매일 하는 루틴 활동을 하지 못 하면 악화가 되는 경향이 있다. 또한 사회적, 물리적 상호작용이 줄어들고, 사회활동에 참여 기회가 상실되며, 이들이 전화나 인터넷으로 대체되는 상황에서 악화한다.

16 Gim, T.-H. T. (2023). The corona blues according to daily life changes by COVID-19: A partial least squares regression model. Growth and Change, 54(2), 386–403. https://doi.org/10.1111/grow.12655

둘째, 정보와 가짜 정보가 공식 매체와 SNS를 포함하여 다양한 매체를 통해 너무 자주 제공되면서 불안감 및 짜증을 일으켰다. 사스나 에볼라, 그리고 코로나 사례에서 공통으로 보면 정부가 제공하는 정례 브리핑은 우울감을 완화한다. 반대로 공공 정보의 부족은 정신 건강에 악영향을 미친다. 나아가 정부의 정보 제공에 따라 발생하는 정부에 대한 신뢰와 시민들의 질병에 대한 지식은 정신 건강에 긍정적으로 작용한다.

하지만 정부 외에 대중 매체나 SNS에 의한 지나친 보도는 악영향을 미칠 수 있다. 부정적인 뉴스에 노출되고 코로나에 대해 하루 약 3시간 이상 고민하면 정신 건강에 상당한 부담이 발생하는 것으로 밝혀진 바 있다. 대중 매체에 비해 SNS는 더욱 위험할 수 있는데, 대중 매체보다 공포감을 더 널리, 그리고 보다 즉각적으로 퍼트리기 때문이다. 그리고 만약 SNS에 가짜 정보가 있다면 이는 진짜 정보에 비해 더 빨리 전파되고, 3배 정도 더 광범위하게 퍼지는 것으로 알려져 있다.

세 번째는 경제적인 손해와 관련이 있다. 직장인들은 휴직, 무급휴가, 해고로 타격을 입었고,[17] 업체들은 영업시간 제한이나 일시 정지, 그리고 매출 하락으로 인한 폐점으로 손해를 입었다. 경제적 손실과 압박에 의한 스트레스, 분노, 불안감은 이러한 상황이 해제된 후에도 몇 달 동안 지속되는 경향이 있다.

한편 과거의 팬데믹과 코로나19를 대상으로 분석한 이전 연구(호주, 중국, 인도, 스페인, 독일, 이탈리아, 한국)를 검토한 필자(김태형)의 연

---

[17] 이와 함께 프리랜서, 플랫폼 고용, 외주 등 초단기 계약을 맺거나 일회성으로 근무하는 긱노동(gig work)이 증가하였고, 이를 배경으로 여러 직업을 가진 사람이라는 뜻의 N잡러(N + job + er)가 등장하였다.

구에 의하면, 팬데믹에 의한 우울감은 여성과 중년층 이하에서 더 강하게 나타나는 것을 볼 수 있다.

주목할 점은 이러한 코로나 블루, 즉 우울감의 원인은 코로나19나 이전 팬데믹이나 한가지라는 점이다. 즉, 팬데믹은 본질적으로 예측 불가능하며, 개인의 자유가 상실되고, 정부와 기관은 메시지를 불충분하게 제공하거나 과도하게 제공함으로써 스트레스를 주게 된다. 사람들은 일상생활과 미래 계획에 차질을 겪고 이는 상당한 경제적 타격을 일으킨다. 특히 격리(quarantine) 또는 봉쇄(lockdown) 기간이 길고, 자유가 상실되고, 감염에 대한 공포감이 높고, 정보가 불충분하며, 경제적 손실을 팬데믹에 의한 우울증의 핵심 요인으로 지목할 수 있다.

팬데믹에 의해 실내활동이 제한되면서 사람들은 바깥에서 할 수 있는 활동으로 눈을 돌렸다. 되도록 소규모 인원이나 개인이 이용하여 감염 위험이 낮은 스포츠로서 골프, 테니스, 하이킹·러닝과 같은 실외 스포츠가 유행하였다. 골프의 경우, 한국골프장경영협회에 따르면 2021년 한 해 동안 전국 505개 골프장 이용객이 최초로 5천만 명을 넘어서, 5,056만 명으로 집계되었다,[18] 특히 중장년 전유물로 여겨졌던 골프 열기가 코로나19 기간을 통해 MZ세대에도 전파되었다. MZ세대에는 테스트도 열풍이 불어 2022년 상반기 테니스용품 매출액이 전년 대비 210% 증가하였다(한국일보, 2022). 다른 스포츠에 비해 골프와 테니스가 유행한 이유로 SNS에 사진을 찍어 올리기에 좋은, 소위 '인스타그램에 올릴 만한'이라는 뜻인 인스타그래머블instagrammable 스포츠라는 점이 있다.

18 https://www.dnews.co.kr/uhtml/view.jsp?idxno=20220330133404241024

하이킹·러닝과 관련해서는 인스타그램, X(구 트위터)와 같은 SNS를 통해 버추얼 하이킹, 마라톤 챌린지 등 여러 이름으로 버추얼 레이스virtual race라는 새로운 문화가 유행하였다. 레이스가 열리면 참가자들은 날짜와 상관없이 챌린지를 수행한 후, SNS 계정에 인증하면 된다. 버추얼 레이스뿐만이 아니라 런데이, 나이키 러닝앱 등을 활용해 자신의 기록을 공유하는 문화가 자리를 잡았다.

실외 스포츠 인구와 함께 등산객과 캠핑족도 늘었다. 사설 헬스장이 영업 제한으로 방문이 어렵게 되자 산이나 공원에 있는 체육시설을 찾는 사람이 늘어났고 산속 헬스장을 뜻하는 '산스장'이라는 신조어도 등장했다.[19] 대전의 경우, 코로나19 유행으로 사회적 거리두기가 한창 진행되던 2020년 3월을 기준으로 유동인구가 전월 대비 증가한 지역은 주로 공원, 강변, 수목원 등 녹지였다. 전체적으로 도심 또는 근교 국립공원을 찾는 탐방객은 코로나19 유행 전에 비해 평균 21% 증가한 것으로 보고되었다.[20] 국토연구원은 코로나19 유행 기간 동안 집 근처에 있는 공원, 녹지 지대, 수로 등 그린 인프라 이용자 수가 50% 이상 증가하였다고 보고하였다. 영국에서 이뤄진 이관옥의 연구(2023)에 따르면, 거주지에서 800미터 이내에 위치한 녹지의 이용자 수는 0.9~1.4% 증가하였다. 아울러 공원과 같은 녹지와 인접해 거주하는 사람들은 그렇지 않은 사람들에 비해서 봉쇄 기간 중 스트레스 지수가 낮았다고 한다.[21] 한편 주거지역에 위치한 근린 공원은 코로나

19 헬스장 못 가니…한파 뚫고 산스장. 중앙일보. https://www.joongang.co.kr/article/239 64959#home

20 강신욱. [통계로 세상읽기] 등산과 코로나19. 머니투데이. 2020/08/10.

21 Lee, K.O., Mai, K.M. & Park, S. Green space accessibility helps buffer declined mental health during the COVID-19 pandemic: evidence from big data in the United Kingdom.

발병 이전에 비해 평균적으로 3~6% 이용자 수가 증가한 반면, 평소 방문객 수가 많은 석촌 호수나 올림픽공원은 확산세에 따라 이용자 수가 각각 38%, 1.9% 감소하였다는 보고도 있다(박인권 외, 2021).

공원과 같은 녹지는 정신적인 치유(mental health)와 신체적인 운동 (physical exercise)을 통해 정신 및 신체 건강을 개선한다. 밀폐된 공간에 비해 대기 순환이 원활하고 감염의 위험이 적은 공원에서 발생하는 볕과 바람을 쐬고, 머리를 식히고, 명상하고, 휴식하는 등의 무활동 (non-activity)이나 대화, 음악 감상, 독서 등의 활동(activity)은 스트레스를 줄여주고 정신 건강에 긍정적으로 작용한다. 산책이나 조깅, 간단한 체육활동도 모두 정신 및 신체 건강을 유지하는 데 도움이 된다.

2.4 디지털 노마드의 확대

코로나19로 재택근무가 자리를 잡았다. 재택근무는 근로자가 사업장이 아닌 집에 마련한 공간에서 정보통신기기를 활용해 일하는 것을 말한다. 이로 인해 인터넷 접속을 전제로 IT 기기를 활용해 공간에 구애받지 않고 원격근무를 하는 디지털 노마드digital nomad가 성장기를 맞았다. 감염병 확산을 막기 위해 사회적 거리두기가 시행되면서 재택근무자는 2019년도 9.5만 명 대비 2021년에는 114만 명으로 12배 증가하였다. 미국과 유럽에서도 코로나19 확산에 따라 전체 근

Nat. Mental Health 1, 124-134 (2023). https://doi.org/10.1038/s44220-023-00018-y

54 | 팬데믹도시 비망록

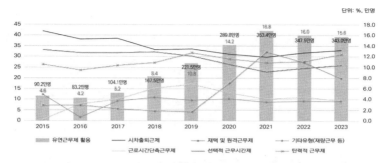

단위: %, 만명

연도별 유연근무제 활용 현황(출처: 경제활동인구조사 근로형태별 부가조사(통계청),
고용노동부 보도자료(2022/10/14) 저자재구성)

로자 중 절반 정도가 재택근무를 하였다.[22]

재택근무 도입을 위한 정책은 종종 시도되었지만, 생산력 저하에
대한 우려로 본격화하기는 어려웠다. 코로나19 유행으로 인한 재택
근무 체험이 일종의 사회실험(social experiment)과 같이 경영진과 근
로자 모두에 긍정적인 인식을 갖도록 하는 기회를 주었다고 할 수 있
다. 2020년 8월 고용노동부의 조사에 따르면 5인 이상 사업자 400
개소 중 50%가 재택근무를 수행 중이며, 이 중에 51.6%가 코로나
이후에도 이 제도를 유지하겠다고 응답한 바 있다.

위드 코로나With Corona, 엔데믹 전환, 포스트 코로나 시대에서 재택근
무가 유지, 확대되는 뉴 노멀new normal을 맞을 것인지, 코로나 이전으로
돌아가는 백 투 노멀back to normal로 회귀할 것인지는 산업의 성격 및 재택
근무 체험의 성과에 달려 있다. 제조업 등 설비를 기반으로 하는 산업,

---

22 한국은행 보도참고자료. 코로나19 사태로 인한 재택근무 확산: 쟁점과 평가. 2020/12/14.

오픈 스페이스와 그린 스페이스에 대한 선호도가 증가하였다. 텐트와 돗자리를 들고 와 도시락과 과일을 먹고 가족끼리, 친구끼리 프리스비를 주고받으며 연을 날린다. 2022년 5월 5일 임진각 평화누리공원(김태형ⓒ2023)

대면 서비스업에서는 출근제를 확대하는 경향이 있다. 인터넷을 기반으로 하는 IT업, 지식산업은 재택근무 유지의 경향이 강하다.

전통적인 근무 및 관리 방식을 고수하는 산업 분야에서는 재택근무가 불편하고 팬데믹이 지나면 필요 없는 것으로 간주하였다. 실제로 한국노동연구원(2021)의 조사에 따르면, 사업체와 근로자 모두 재택근무가 업무 진행이 쉽지 않고 근무 만족도와 생산성을 저하할 우려가 있다고 보았는데, 특히, 재택근무의 단점으로 동료와의 협업과 상하 간 의사소통이 어려운 것을 주요 한계로 보았다.[23]

일본은 특유의 전통 유지 및 아날로그 선호 문화로 재택근무 확산이 제한적이었다. 일본 정부는 코로나19 확산 방지를 위해 직원 70% 이상을 재택근무로 전환하도록 권고하였으나 이행률은 28%에 그쳤다. 2021년 요미우리 신문의 조사에 의하면, 일본 주요 기업 117개 업체 중 88.8%가 코로나19 확산 이후 재택근무 정책을 따랐지만, 60.6%는 나중에 재택근무를 축소한 것으로 나타났다.[24] 그 근거를 찾아보면 조사 응답자 90.6%는 재택근무에 문제가 있으며, 주로 재택근무를 위한 환경을 조성하거나 의사소통을 하는 데에 제약이 있다고 답하였다. 이에 응답자 중 40%는 코로나19가 수습되면 재택근무를 줄이겠다고 답하였다. 의사소통과 관련하여 일본 직장문화의 특징으로서 직장 내 미묘한 보디랭귀지나 분위기 파악 등 비언어적 요소가 중요하다는 점을 들 수 있다. 아울러 팀워크를 요구하는 업무가 많다 보니 인사고과도 팀별로 이루어지는 경우가 잦은데, 재택근무 환경에서는 정확한 직원 평가가 어려울 수 있다.

코로나19 유행 이후, 한국에서는 특정 산업군 중에서도 특히 네이버, 카카오, 라인, 쿠팡, 배달의민족을 묶어 일컫는 IT 주요기업 '네카라쿠배'를 중심으로 재택근무가 도입되었다. 네이버는 2022년 7

---

23 노세리(2022). '통제' 아닌 '지원'으로 일 관리 방식 바꿔야. 나라경제(2022년 6월호). KDI 경제정보센터(https://eiec.kdi.re.kr/publish/naraView.do?fcode=0000200004000010 0009&cidx=13845&sel_year=2022&sel_month=06&pp=20&pg=1).

24 https://www.hankyung.com/international/article/2021082299851

월 이후로 재택근무 체제로 전면 전환하였다. 코로나19로 인해 임시로 도입되었던 재택근무가 공식 제도로 자리 잡은 것이다. 커넥티드 워크 제도라고 하여 직원은 주 5일 내내 재택근무를 하는 R 타입(remote-based work)이나 3일 이상 회사로 출근하는 O 타입(office-based work) 중 하나를 고를 수 있다. 여기서 O 타입을 선택하더라도 원하는 요일, 원하는 시간에 출근하면 되고, 선택한 근무 타입이 근로자 및 업무 성향과 맞지 않는다고 판단하면 6개월마다 변경할 수 있다. 배달의민족이나 당근마켓 등은 코로나19를 통해 재택근무를 확대하고 유연근무제를 도입하여 자유롭게 업무 시간을 분배할 수 있도록 하였다. 쿠팡은 사실 창사 이래로 유연근무제를 유지하고 있으며 업무에 따라 완전한 재택근무도 가능하다. 한편 IT 기업 중에서도 카카오는 2023년 3월부로 사무실 출근 제도를 원칙으로 하여 필요시만 원격근무를 허가하는 '오피스 퍼스트'를 선언하였다.

2.5 재택근무 확대와 주거 선호 변화

재택근무가 확대되면 개별가구에서는 서재 등 개인공간이 확대되고 아파트에는 피트니스 센터를 포함하여 다목적 공동 커뮤니티 공간이 확대된다. 거주지 선택 시 고려사항도 달라질 수 있다. 우리나라는 교통 편리성과 직장-주거 접근성이 거주지 선호에 가장 먼저 반영되지만,[25] 재택근무 확대로 통근과 출장, 그리고 학생 입장에서

---

25 https://news.jtbc.co.kr/article/article.aspx?news_id=NB12054548

는 등하교와 학원 통행의 필요성이 줄어들면서 교통이 편리하고 직장이 가까워야 할 필요성이 그만큼 감소하게 된다.

팬데믹 기간 재택근무가 보편화되자, 도시를 떠나 교외 지역으로 떠나는 사람들이 늘어났다. 특히 미국에서는 집값과 월세가 높은 뉴욕, 로스앤젤레스, 샌프란시스코를 중심으로 교외화 현상이 두드러졌다.[26] 이러한 현상을 재택근무 확대만으로는 설명하기 어려운데, 왜냐하면 이사는 중요한 라이프사이클 변화이기 때문이다. 재택근무 확대와 함께 대부분 국가에서 시행한 경제회복 조치가 영향을 미친 것으로 볼 수 있다. 각국은 팬데믹의 경제적 타격에서 즉시 회복하기 위해 개인과 사업체에 코로나 지원금 지급 등 경제적 지원정책을 도입하고 금리를 역대 최저치 수준으로 하향 조정하였다. 미국은 30년 만기 주택담보대출이 3% 밑으로 떨어졌다. 이러한 저금리가 주택 수요를 늘리고 부동산 시장을 뜨겁게 하는 데에 일조한 것으로 파악된다.

삶의 터전을 옮기는 부담이 있는 이사 대신에 일하는 장소만 집이 아닌 곳으로 바꾸는 현상도 등장하였다. 그 하나의 유형으로 워케이션workation은 일(work)과 휴가(vacation)를 함께한다는 의미이다. 이는 제주도, 강원도와 같은 국내 관광지, 나아가 해외 휴양지에서 업무를 볼 수 있게끔 장소 선택권을 제공하여 근무의 자율성을 높이고 생산성 확대를 기대하는 근무 형태이다.

예를 들어 네이버 관계사인 라인플러스는 국내에 한정한 과거의

---

26 팬데믹이 진압되어 재택근무를 폐지 또는 축소하고 출근제로 복귀하자 교외 지역으로 이사한 사람들은 통근 시간에 부담을 느끼고 일부는 직장을 옮겼다(https://www.brookings.edu/blog/up-front/2022/05/23/did-the-pandemic-advance-new-suburbanization/).

원격근무 제도를 확대하여 공간 제약 없이 라인의 주요 시장이자 한국과 시차가 4시간 이내인 일본, 대만, 싱가포르, 인도네시아 등 해외 지역에서 최대 90일간 근무할 수 있도록 하는 하이브리드 제도를 만들어 운영하고 있다.

회사에서 운영하는 제도가 미비하거나 다른 이유로 멀리 떠나기 어려운 사람들은 집 대신 호텔로 워케이션을 떠났다. 해외 관광객 유치에 어려움을 겪는 호텔들은 이에 착안해서 내국인을 대상으로 한 장기 투숙 패키지를 선보이기도 하였다. 롯데호텔은 한 달 이상 장기 투숙객을 위한 '원스 인어 라이프타임Once In a Lifetime' 패키지를 선보였고, 이 상품은 판매 첫 주 600실 이상 소진되며 화제를 모았다.

워케이션의 발전은 쇠퇴 위기를 겪는 지자체에는 관계인구를 늘리는 데에 좋은 기회이다. 한국은 '상주인구'의 절대 감소와 함께 소멸 위기에 있는 지역을 발견하고 인구와 경제 부양을 위한 자원 투입의 근거를 삼는 데에 지역과 관계를 가진 인구까지를 포함하는 '관계인구'를 중요하게 판단한다. 워케이션 관련 정책은 지역을 주기적으로 방문하는 사람들을 늘리는 방안이 될 수 있어 숙박시설, 관광지, 음식점 등과 연계한 프로그램을 개발하고 있다. 이 중 제주 세화마을 협동조합은 세화 해변 인근에 있는 유휴 건물을 활용해 공유 오피스, 숙박시설, 카페를 갖춘 질그랭이 거점센터를 개소하였다.

이사도 워케이션도 아니라면 공유 오피스가 있다. 집에 있으면 일과 사생활의 경계가 흐려지고, 따라서 집중력은 저하하고 업무 스트레스가 증가할 수 있다. 이런 사람들은 집에 업무공간을 차리기보다 공유 오피스를 찾았다. 공유 오피스의 선두주자이며 대명사인 위워

제주 리플로우(re:flow) 공유 오피스. 공유 오피스 내 숙박시설이 위치하고 있어 워케이션이 가능하다(이지원ⓒ2023).

크WeWork가 앙등한 부동산 가격에 따른 임대료 부담과 성장률 한계로 침체를 겪고 있지만, 한국에서만큼은 2022년 공실률이 2%에 지나지 않는 호황이다.[27] 공유 오피스는 여러 조직이나 개인이 함께 이용하는 사무 공간으로 회의실, 작업 공간, 라운지 등을 갖추고 있다. 이와 함께 회의 부스나 전화 부스도 제공한다. 가입된 장소 말고도 다른 지점도 자유롭게 이용할 수 있어, 월 회원권을 구매하면 원하는 시간에 원하는 장소에서 일을 할 수 있다는 점에서 각광을 받고 있다.

온라인 회의의 대명사로 자리 잡은 줌Zoom은 팬데믹의 최대 수혜자 중 하나이다. 화상 회의를 통해 비대면 소통이 활성화되면서 팀 내의 개인 간에 발생하는 지식 확산(knowledge spillover) 현상이 가상공간을 통해서 가능해졌으며, 따라서 물리적 공간을 대신할 수 있게 되었다.

---

27 https://www.thescoop.co.kr/news/articleView.html?idxno=58834

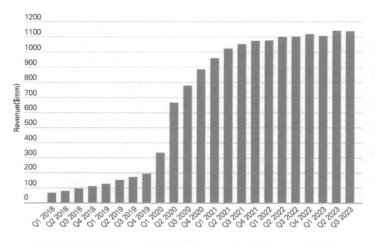

팬데믹 기간 중 줌(Zoom) 수익 변화: 2018년 1분기~2023년 2분기
(출처: Businessofapps 2023 (링크: https://www.businessofapps.com/data/
zoom-statistics/))(businessofapps©2023)

팬데믹 이전에는 가상공간이 물리적 공간을 보완하는 역할에 국한되었다면, 팬데믹을 통해 물리적 공간을 대체하는 양상을 보이게 되었다.

　업무뿐만이 아니라 여가에서도 가상공간의 확대가 두드러진다. 예를 들어 과거에 영화관을 찾던 사람들이 팬데믹 기간 동안 인터넷을 통해 영화, 방송 등 미디어 콘텐츠를 소비하는 온라인 스트리밍 OTT 서비스를 폭발적으로 많이 이용하게 되었다. 데이터솜이 시행한 'OTT서비스 관련 인식조사' 결과를 보면 응답자 중 63%가 코로나19 유행 후 OTT 서비스에 관심이 증가했다고 응답하였다. 이에 서비스의 종류도 넷플릭스에서 시작한 것이 티빙, 디즈니플러스, 쿠팡플레이, 웨이브, 아마존 프라임 비디오, 왓챠 등으로 확대되었다. 신제품이 출시되면 시장 도입-성장(매출 확대)-성숙(업체 증가)-쇠퇴기

(매출 및 업체 감소)를 겪는다는 제품수명주기(product life cycle) 이론에 의하면 성숙 상태에 진입한 것을 의미한다.

영화관 대 OTT 서비스 간 현재의 대체 관계가 팬데믹 이후에는 어떻게 진화할지 예측하기 어렵지만, 둘이 경쟁 및 대체 관계에서 탈피할 가능성도 없지 않다. 영화를 보러 간다는 것은 영화관에서 발생하는 모든 활동을 포함하며, 영화 관람 외에 팝콘과 음료를 사고, 영화가 상영되기를 기다리며 얘기를 나누는 것 등이 포함되기 때문이다. OTT 서비스도 소위 '넷플릭스 앤 칠Netflix and chill'이라는 표현에서처럼, 집에서 영화를 보는 것뿐이 아니라 관람 전후 및 과정 중에 집에서 하는 여러 활동(지금은 특히 성행위를 암시하는 표현으로 변화)을 포괄한다.

2.6 집의 의미

우리가 집이라고 할 때 이는 보통 주택과 다르게 정의하며, 주관적 정서가 반영되어 있다. 주거학, 지리학, 심리학 등에서 이를 구분하기 위해 노력해 왔다. 집의 역할이 팬데믹을 거쳐 확대하고 있다.

집은 나를 위한 공간이자 나에 의해서 만들어진 공간이다. 주관적인 성격을 최대로 반영할 수 있어 밖에서 시간 대부분을 보내는 현대인에게도 집은 안식처이자 온전히 나에게 집중할 수 있는 공간이 되어준다.

팬데믹은 이러한 주거 공간의 가치와 중요성을 더욱 강조하는 계기가 되었다. 이케아IKEA에서 발간한 「라이프 앳 홈 리포트Life at Home Report 2021」에 따르면, 세계 34,000여 명을 대상으로 한 조사의 결과, 73%가 집을 포함해 동네에서 더 많은 시간을 보냈다고 응답했다.[28] 특히 한국 응답자 중 48%는 팬데믹 이전보다 집의 중요성을 강조하게 되었는데, 이는 전 세계 평균인 35%보다 높은 수치였다.

집을 더 중요하고 긍정적으로 보게 된 계기는 첫째, 보호공간으로서 집의 역할이 강조되었고, 둘째, 집에서 할 수 있는 활동의 범위가 확대되었기 때문이다. 원시 시대부터 집은 더위, 추위, 눈, 비 등 악천후, 동물, 범죄 등 외부 위험 요소로부터 안전하게 생활을 유지하는 거점이었다. 코로나19와 관련해서 심리적으로 사람들은 집을 감염병으로부터 안전한 공간이라고 느낀다. 심리적으로 안전하고, 신뢰하기 때문에, 집에 있으면 혼자 있든 가족과 있든 (실제로는 감염 위험이 낮지 않을 수 있어도) 마스크를 벗는다.[29] 역학적으로 더 안전한 오픈 스페이스에서는 마스크를 쓰고, 가족 간에는 마스크를 벗는 것이다.

아울러 집에서 여러 활동이 가능해졌다. "코로나19와 일상의 변화"절에서 다룬 것처럼 원래 사람들은 모든 활동을 집에서 완수할 수 없어서, 근무, 학습, 쇼핑, 여가 등 필요하거나 원하는 활동을 할 수 있도록 하는 장소를 목적지로 하여 통행을 하게 된다. 그런데 ICT 기술의 비약적 발전으로 집에서 이러한 활동의 대부분이 가능하게 되었으며, 그 방아쇠로서 팬데믹은 이들 활동을 집에서 하도록 강제

---

28 https://www.ikea.com/kr/ko/files/pdf/d0/44/d044b111/life-at-home-report_ko.pdf
29 여기서 주택과 집을 구분할 필요가 있다. 주택은 가족과 동거인이 사는 물리적 공간이며, 집은 해당 물리적 공간 내의 친숙한 공간 및 동거인을 말한다. 긍정적인 표현으로 새의 둥지를 일컫는 보금자리로도 불린다.

코로나19 전염 방지를 위해 조각에도 마스크를 씌우는 등 경각심을 높이기 위해 노력하였다. 마스크를 쓰자는 캠페인보다는 코로나19 팬데믹 퇴치를 위한 다짐, 기원에서 비롯된 것이다. 2020년 6월 28일 서울 서대문자연사박물관(김태형ⓒ2023)

하였다.

집의 중요성이 강조되면서 집 꾸미기(홈퍼니싱)도 유행을 맞았다. 사람들은 자신의 라이프스타일에 맞춰 집 개조에 나섰고 인테리어 업계는 호황을 맞이하였다. 리모델링과 홈퍼니싱 수요가 증가하면서 팬데믹 중 경기 침체에도 불구하고 업계 매출은 성장세를 보였다. 통계청 조사에 따르면 국내 홈퍼니싱 시장 규모는 2008년 7조 원에서 2023년 18조 원으로 성장할 것으로 예견된다. 특히, 대면 상담이 필요하지 않은 온라인 기반 홈퍼니싱 시장에서 성장세가 두드러졌다. 사용자가 직접 '랜선 집들이' 사진과 글을 올리고 경험을 공유하는 커뮤니티, 그리고 랜선 집들이에 소개된 가구와 인테리어 소품을 구입하는 서비스를 제공하는 플랫폼으로서 '오늘의 집'은 2022년 매출이 전년 대비 59% 성장하여 1,864억 원을 달성하였다.[30] 집에서 머무는 시간이 늘어나고 개성과 취향을 반영할 기회가 많아지면서 SNS에서도 집이 주된 공간으로 부상하였다. 인스타그램을 기준으로 #홈스타그램(438만), #집스타그램(566만), #랜선집들이(25.7만)가 해시태그 포스트 수로 상위 2~3%에 속할 정도로 관심이 확대되었다.

홈퍼니싱의 맥락에서 일부 공간을 꾸미는#○○테리어(특정 공간·물품과 인테리어(interior), 즉 실내 디자인을 합성한 신조어) 열풍이 불었다. 학생과 직장인들을 중심으로 방 안 업무·학습 공간인 책상을 꾸미는 데스크테리어desk + interior에 대해 관심이 높아졌다. 원래 데스크테리어는 능률 향상을 위해 책상을 정리하고 꾸미는 활동에 가까웠으나, 화상회의 등으로 인해 책상과 책장 등을 타인에게 노출하는 경우가 늘어나면서 회의 화면상의 공간을 가꾼다는 의미로 변화되었다.

또한, 외부에서 자연과 식물을 관상하는 것이 어렵거나 불안하게 되면서 이를 집안으로 들이는 플랜테리어plant + interior도 관심을 끌었다. 식물을 이용하여 자연 친화적이며 안락하게 집을 꾸미는 것이다.

식물은 오염된 집안 공기를 정화하고 주방 냄새를 제거하는 데 효과적이어서 집에서 어렵지 않게 설치할 수 있는 소품이자 있는 취미 활동으로 인기가 있었다. 최근에는 '반려식물'이라는 표현과 함께 역할이 확대되었다. 반려동물처럼 곁에 두고 키우면서 정서적인 교감과 위안을 얻을 수 있는 식물이 된 것이다. 실제 반려식물을 3개월간

---

30 랜선 집들이란 랜(LAN)선, 즉 인터넷 연결 케이블 등을 통해 온라인으로 (사람들을 실제 집에 초대하지 않은 채로) 자기 집을 소개한다는 의미이다.

능률 향상에 플랜테리어를 활용한 독서실이 늘고 있다. 2023년
10월 2일 서울 공덕동 독서실(김태형ⓒ2023)

돌본 사람들은 그렇지 않은 사람들에 비해 우울 증상이 적고, 우울감
이 감소하는 것으로 나타났다.[31] 또한, 매일 물 주기와 가지 정리와
같은 과제를 수행하는 과정에서 성취감을 느껴 스트레스가 줄고 자
아존중감이 상승하였다. 아울러 자연과의 교감은 뇌에서 행복 호르
몬인 세로토닌을 분비하여 불안과 우울감을 덜어준다.

　전체적으로 야외를 즐기기 위한 활동인 캠핑마저도 팬데믹을 통해

---

31 https://m.health.chosun.com/svc/news_view.html?contid=2022040401471

집으로 장소를 확대하였다. 컨슈머인사이트 소비자 동향연구소의 2020년 조사에 따르면, 캠핑 비중이 2020년 2분기 전년 대비 60% 이상 성장하였다. 마켓컬리가 캠핑 시즌인 3~9월 캠핑 상품 판매량을 분석한 결과, 캠핑용 식품(바비큐, 꼬치)과 상품(랜턴, 캠핑용 식기) 판매량이 전년 동기 대비 150% 증가한 것으로 나타났다. 원래 유행이 일었던 캠핑이 팬데믹 위험에서 상대적으로 자유롭게 여겨져 '확대'된 것인지,[32] 아니면 팬데믹을 피하고자 더 안전하다고 여겨지는 집으로 장소를 '이동'한 것인지,[33] 무엇이 맞는지는 해석이 다를 수 있다. 하지만 분명한 것은 장거리 이동이 필요한 야외 캠핑에 비해 홈캠핑은 시간과 공간의 제약에서 한결 자유로울 수 있다. 사람들은 거실에서 캠핑 분위기를 내거나 베란다를 야영장 콘셉트로 꾸미고 캠핑을 즐겼다.

---

[32] https://www.mirae-biz.com/news/articleView.html?idxno=64343
[33] https://www.chosun.com/site/data/html_dir/2020/03/06/2020030602395.html

|제 3 장|
교통-팬데믹의 순환고리

코로나19가 팬데믹으로 발전하는 데 매체 역할을 한 동시에 가장 먼저 영향을 받은 분야는 교통이다. 교통은 사람과 물자를 나르는데, 의도한 것뿐이 아니라 동식물, 세균, 바이러스 등 의도하지 않아도 사람과 물자에 붙어 이동할 수 있다. 항공 교통의 발달로 팬데믹은 국경을 넘어 머나먼 타국으로 전파되었고, 광역 교통수단을 통해 주요 도시 간에 확산하였다. 감염을 막기 위해 사람들이 이동을 자제하면서 교통량은 눈에 띄게 감소하고 대중교통 서비스에 타격을 입혔다. 다중이용시설로 감염의 위험이 있는 대중교통 대신에 자가용, 보행, 자전거 등 개인교통수단을 이용하는 사람이 늘어났다. 이번 장에서는 교통수단별로 팬데믹에 어떠한 취약성을 가졌는지, 이에 따라 어떠한 변화가 발생했는지를 중심으로 살펴보고자 한다.

3. 교통-팬데믹의 순환고리

  코로나19가 팬데믹으로 발전하는 데 매체 역할을 한 동시에 가장
먼저 영향을 받은 분야는 교통이다. 교통은 사람과 물자를 나르는데,
의도한 것뿐이 아니라 동식물, 세균, 바이러스 등 의도하지 않아도
사람과 물자에 붙어 이동할 수 있다. 항공 교통의 발달로 팬데믹은 국
경을 넘어 머나먼 타국으로 전파되었고, 광역 교통수단을 통해 주요
도시 간에 확산하였다. 감염을 막기 위해 사람들이 이동을 자제하면
서 교통량은 눈에 띄게 감소하고 대중교통 서비스에 타격을 입혔다.
다중이용시설로 감염의 위험이 있는 대중교통 대신에 자가용, 보행,
자전거 등 개인교통수단을 이용하는 사람이 늘어났다. 이번 장에서
는 교통수단별로 팬데믹에 어떠한 취약성을 가졌는지, 이에 따라 어
떠한 변화가 발생했는지를 중심으로 살펴보고자 한다.

3.1 항공산업: 이카로스의 날개

그리스 신화에 등장하는 이카로스는 아버지 다이달로스의 당부를 잊고 태양에 너무 가까이 다가가는 바람에 날개를 붙인 밀랍이 녹아 바다에 떨어져 죽는 결말을 맞이한다. 아버지의 당부는 '계속 날기 위해' 너무 낮게 날아도 파도에 부딪히고, 너무 높이 날아도 밀랍이 녹으니 그사이 적당히 균형을 두고 날라는 말이었다. 이카로스 신화의 교훈은 지속가능성이다. 현세대와 미래 세대의 균형, 경제와 환경 간의 균형, 인간 발전과 자연 보전의 균형이 곧 지속가능성이다. 항공산업도 팬데믹 속에서 지속가능성을 위해, '계속 날기 위해' 노력하였다.

교통수단 중 코로나19로 인해 가장 먼저 직격탄을 맞은 부문은 항공이다. 국가 간 이동에 제한이 생겼기 때문이다. 이전 팬데믹인 사스와 메르스와 비교해서도 특정 국가가 아닌 전 세계에서 동시다발적으로 발생하여 국경 봉쇄가 각국에서 이뤄졌고, 국제선 운항이 영향을 받았다. 기내 전염 위험과 도착지에서의 감염 위험으로 자발적으로 예약을 취소하는 여행객도 급증하였다.

국제선을 비롯한 항공 여행의 급격한 감소로 항공사들이 전반적으로 경영난에 빠졌다. 한국 이스타 항공은 운항을 중단하였고 2020년 5월 19일에는 태국 국적기인 타이항공이 파산 신청을 하여 항공업계에 충격을 주었다.[34] 그 밖에 전 세계 30여 항공사가 팬데믹으로 인해

---

[34] 결과적으로 타이항공은 13개월 만에 2021년 6월 19일, 태국 중앙법원에서 회생절차 승인을 받았다.

파산하거나 파산 보호 신청을 하였다. 투자의 귀재로 알려진 워런 버핏Warren Buffett은 2020년 초에 코로나19를 기회로 보고 미국의 4대 항공사(델타 항공, 사우스웨스트 항공, 아메리칸 항공, 유나이티드 항공) 주식을 매수하였다. 그러나 곧이어 항공업계가 팬데믹의 직격탄을 맞아 큰 손실을 보자 전량 매도하고 투자가 실수였다고 인정하였다.[35]

한국항공협회는 전 세계 공항이 코로나19 위기로 예상 기준치 대비 여객 운송량을 35.5% 감소하였고, 이전 예상치로 회복하기까지는 최대 20년이 걸릴 것이라고 내다봤다. 육상 교통과 비교해도 항공 교통은 회복하고 재운행하기까지 조건이 까다롭기 때문이다. 출발지와 도착지 모두 팬데믹 추세가 둔화하고 양국의 국경이 개방되어야 한다. 국경이 다시 열리더라도 언제 다시 바이러스가 확산할지 모른다는 위험을 감당해야 한다. 이러한 판단으로 항공사들은 긴급히 새로운 살길을 모색하였다. 결과적으로 전체 3천여 항공사 중 실제로 파산한 곳은 30여 군데에 불과하다. 팬데믹 특성을 파악하여 국제선 대신 국내선 운항 확대와 상품 다양화를 시도하고 여객 대신 화물 수송에 집중한 결과이다. 이 둘을 아래에서 더 자세히 설명한다.

(1) 국내선 여객 운항의 확대: 제주도 푸른 밤

2022년에는 세계에서 가장 바쁜 구간으로 김포-제주 노선이 뽑혔다. 영국 항공 여행 분석 회사인 OAG, 구 'Official Aviation Guide of the Airways'에 의하면 세계에서 가장 바쁜 항공 노선(world's busiest airline flight routes) 중 1위가 김포-제주 노선이다. 2022년 연

---

35 https://www.hani.co.kr/arti/economy/marketing/943913.html

간 이용객은 1천 567만 5,404명으로 집계되고, 평균 6분 간격으로 항공편이 뜨고 내린다.

감염 위험 및 국경 폐쇄와 더불어 코로나19로 인해 출입국 절차가 복잡해지면서 해외로 나가기 어려워지자 사람들은 국내로 눈길을 돌렸다. 2021년 인천을 제외한 국내 14개 공항에서 국내선을 이용한 승객은 3,338만 명으로 전년 대비 31.9% 증가하였다. 종전 최대치인 2019년 국내선 이용객 수 3,311만 명보다 28만 명 많은 수치이다. 국내선 목적지는 제주가 86.2%를 차지했는데, 2020년 대비 2021년 제주 방문 내국인 관광객이 19.3% 증가하였다.

컨슈머인사이트에 따르면 코로나19 확산이 가장 심각했던 2020년과 2021년의 여름철 국내 여행률은 2019년 16.5%에 비해 1.0%로 큰 폭으로 감소하였으나 2022년에는 팬데믹 이전 수준을 금세 회복하였다. 해외여행은 국내에 비해 회복 속도가 더뎠다. 팬데믹으로 인한 여행수요 급감으로 조종사, 승무원, 지상직원, 정비사 등을 대상으로 대규모 해고 및 직원 감축을 시행하였는데, 수요 회복에 즉각적인 단기 증편이 어려운 상황에서 수급 불균형으로 항공권 가격이 폭등하였기 때문이다. 가격 상승에는 이외에도 러시아-우크라이나 전쟁으로 인한 유가 상승도 한 몫 하였다.

(2) 국제선 화물 운송의 확대: 항공과 해운

항공산업은 운항 정지에 따른 손실을 줄이기 위해 국내선 확대와 함께 국제선 부문의 대응으로 팬데믹 조치의 대상이 아닌 화물 수송에 집중하였다. 승객을 운송하던 여객기의 좌석을 제거하고 화물기

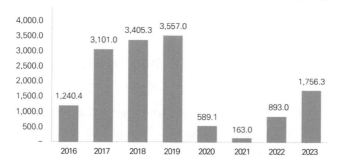

(단위: 만명)

주 : 1) 인천공항에서 출발하는 운항기의 탑승객 기준임.
   2) 각 연도의 8월을 기준으로 산정함.
자료: 인천국제항공공사, 항공통계, 원자료, 각 연도.

2016~2022년 여름철 항공 여객 수

로 개조하였으며, 이에 아시아나 항공은 2020년 9월에 세계 최초로
에어버스 A350 중 일부인 7대를 화물기로 전환하였고 대한항공도
잇달아 여객기를 화물기로 사용하였다.[36]

양사는 이를 통해 장거리 화물 노선을 확보하여 안정적인 수익 구
조를 확보하였다. 아시아나 항공은 2020~2021년 동안 5만 톤의 화
물을 추가 수송하여 2,800억 원의 화물 매출을 올렸다. 이에 여객기
를 중점적으로 운항하는 저가항공사(LCC) 제주항공이 2019년 대비
2020년에 2배 이상의 손실을 보는 동안 장거리 노선을 운항하는 대
형항공사(FSC)인 대한항공과 아시아나는 2020년에 영업이익의 흑
자 전환을 달성하였다.

화물 운송은 항공업과 함께 해운업에도 호황을 가져다주었다. 그

---

36 https://www.cargonews.co.kr/news/articleView.html?idxno=49653

러나 항공업의 성과가 자구책이라는 내적인 요인에 크게 기인하였다면, 해운업은 이에 더해 외적 요인이 더해진 결과였다. 먼저 여객기에서 좌석을 떼어 화물기로 임시 활용이 가능한 항공업과 달리 화물선은 발주에서 인도까지 2~4년이 걸리기 때문에 수요 변화에 민감하게 대응하기 곤란하다. 이러한 상황에서 팬데믹으로 인한 온라인 쇼핑이 보복 소비 차원에서 증가하면서 물류 부족 사태가 발생하였다. 이에 더해 수에즈 운하에서 선박 좌초 사고가 발생하여 이 상황에 기름을 부었다.[37] 이러한 수급 불균형과 운임 상승으로 해운업은 전례 없는 호황을 맞이하였다. 국내 원양국적선사인 HMM, 구 현대상선은 2021년 영업이익이 2020년 대비 650% 증가한 7조 원으로, 한 분기만에 전년도 영업이익을 초월하는 사상 최대 실적을 달성하였다.[38]

(3) 국제선 여객 운항은? 이색 노선의 도입

여객 운항은 단순한 비행기를 이용한 이동을 넘어 공항과 비행기에서 제공되는 서비스를 의미한다. 여객기에 타는 것, 창밖을 보는 것, 기내식을 먹는 것, 면세품을 구매하는 것 등의 일련의 활동이 하나로 묶여 승객에 효용을 제공한다. 항공산업은 국제선 화물 운송과 국내선 여객 운송의 확대로 적자 메우기에 나섰지만 국제선 항공 수요의 절대적인 감소를 보전하고자 이에 착안하여 가상 비행 상품을

---

37 대형 컨테이너선인 에버기븐이 수에즈 운하에서 좌초되어 6일간 통행이 마비되었다. 이로 인해 같은 항로에 있던 선박 최소 369척의 통행이 지연되었다.
38 하지만 이와 같은 외적 요인(팬데믹)이 통제되면서 해상 화물운송 운임은 제 자리를 찾아가고 있다. 2022년 12월 글로벌 해상운임 지표인 상하이 컨테이너 운임 지수(SCFI)는 1,138.09로 나타났으며 2020년 8월 14일 이후 최저치를 기록하였다.

개발하였다. 대만 여행사인 이지플라이와 타이거에어는 제주 가상출국여행 얼리버드 상품을 선보였다. 타이베이에서 출발해 목적지인 제주에 착륙하지 않은 채 제주 상공을 선회한 후 다시 대만으로 회항하는 상품으로서, 승객이 비행기 안에서 이뤄지는 다양한 프로그램을 경험할 수 있도록 기획한 것이다.

아시아나 항공은 국내 상공을 2시간가량 비행하는 상품을 판매하였다. 국내에서 처음 목적지 없는 비행 상품을 선보인 곳은 에어부산이다. 다만 이는 일반인이 아닌 승무원 지망생을 대상으로 한 실습 비행 프로그램이다. 승무원 훈련시설, 항공기 탑승, 기내 방송, 기내식 서비스 등을 체험할 수 있다. 티웨이항공은 이를 일반인으로 확대한 '크루 플라이트' 프로그램을 운영하였다. 일반인이 객실 승무원이 되어 항공기에 탑승하여 기내 방송, 기내식 제공, 면세품 서비스를 직접 경험할 수 있도록 제작한 프로그램이다.[39]

한편 목적지 없는 여행 상품은 불필요하게 탄소 배출이 많은 항공 수송을 일으킨다는 단점을 가지고 있다. 비행기를 띄우는 대신 지상에서 여행 서비스를 즐기도록 하는 상품도 개발되었다. 싱가포르항공은 공항에 있는 비행기 안에서 3시간 동안 기내식만 먹는 프로그램을 선보였다. 타이항공은 방콕 본사 구내식당을 항공기 내부 객실을 본떠 만들어 레스토랑으로 운영하기도 하였다.[40]

---

39 https://www.crewtor.co.kr/bbs/board.php?bo_table=news&wr_id=280
40 https://www.yna.co.kr/view/AKR20200913055700084

타이항공 지상 객실 레스토랑 상품(연합뉴스ⓒ2020)

3.2 이제는 다시 비상飛上해야 할 때 : 항공업의 정상화와 기후변화

코로나19 팬데믹이 선언된 지 3년을 훌쩍 넘는 시점에서 백신 접종과 치명률 둔화로 사실상 모든 국가가 국경을 개방한 상황이다. 이에 먼저 단거리 여객 항공 수요가 폭발적으로 증가하였다. 국토교통부에 따르면 2023년 1월의 국제선 운항 편수는 코로나19 팬데믹 이전인 2019년 1월과 비교해 약 60% 수준까지 회복하였다. 주로 베트남, 태국, 일본 등 단거리 및 중거리 노선 여행 수요가 증가하면서 급증하였는데, 일본 노선은 전년도 8월 대비 8.3배 증가하였다.[41] 단거리 및 중거리 운항을 주로 하는 저가항공사의 국제선 점유율(2022년

---

[41] 중국 노선은 중국 내 코로나19 확산으로 인해 중국발 입국자에 대한 방역 규제가 강화되면서 2019년 1월의 8% 수준에 그쳤다.

11월~2023년 1월)은 52.6%로 나타났다. 미주, 유럽 등 장거리 노선은 운임 상승 등의 문제로 단거리 노선에 비해 느린 속도이지만 수요가 점차 회복될 것으로 전망된다.

러시아-우크라이나 전쟁 등 국제 정세로 인한 유류비 상승으로 운항 비용이 상승했음에도 많은 항공사에서 팬데믹 이후 2023년을 기점으로 흑자로 전환하였다. 에어부산은 2023년 1분기 매출이 창사 이래 최대 실적인 2,131억 원으로 전년 동기 508억 원과 비교하여 319% 증가하여 16분기 만에 흑자를 기록하였다. 베트남항공 역시 13분기 만에 흑자로 전환하였다. 국제항공운송협회는 2024년에는 코로나19 이전 수준으로 실적을 회복할 수 있을 것으로 기대하고 있다. 국내 항공업에서는 2023년 국제선 여객 수요가 팬데믹 이전인 2019년의 92%까지 회복할 것으로 전망한다.

이러한 빠른 정상 회복은 여행업, 항공업의 준비된 회복탄력성, 리질리언스resilience를 보여준다. 한국관광공사(2022)에 따르면, 지난 20년간 감염병이 발생한 2003년(사스), 2009년(신종플루)은 해외 여행객 수가 직전 연도에 비해 감소하였지만, 금세 회복하였다. 코로나19는 그 영향이 비교할 수 없을 정도로 컸지만, 항공업이 갖춘 회복탄력성 자체를 해치지 않았고, 빠른 회복세를 보일 수 있었다. 2009년 이후 해외 여행객 수가 949만 명에서 2,871만 명으로 3배 증가하면서 경쟁력과 지속가능성을 확보한 까닭이다.

이후에는 유류할증료 인하와 공급 확대로 항공권 가격이 조정되면 보상 심리가 더해져 장거리 항공 수요가 더욱 증가할 수 있다. 항공편 증대와 운항 거리 연장이 발행하는 부작용을 미리 대비할 필요가 있다.

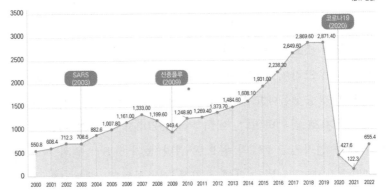

(단위: 만명)

2000~2022년 연간 국민 해외여행객 동향(출처: 한국관광공사(2022) "엔데믹 시대,
우리의 해외여행 수요는?", 한국관광 데이터랩. 저자재구성)

단기적으로는 팬데믹 중 구조조정으로 인한 인력부족이 발생하면서
나타난 서비스 문제를 해결해야 하고, 장기적으로는 기후변화에 미
치는 영향을 예측하고 대비할 필요가 있다. 먼저 여행 제한이 풀리면
서 급격히 늘어난 여행 수요에 대응하기 위해 필요한 만큼 직원 수를
회복하지 못하면서 항공편의 지연, 결항, 수하물 분실과 같은 문제가
발생하였다. 유럽 대륙(러시아 제외)에서 2022년 6월 한 달 동안 항공
편 25%가 연착되었으며 결항률은 2%로 8,288건에 달했다.

코로나19 팬데믹은 항공업의 회복탄력성에 대한 고민을 끌어냈
다. 나아가 더 큰 재앙인 기후위기, 탄소중립에 대한 논의가 필요하
다. 항공업은 전 세계 탄소 배출량의 2.5%를 차지한다. 하지만 실상
기후변화에 미치는 영향력은 더 클 수 있다. 비행고도에서 배출하는
이산화탄소, 산화질소, 수증기, 냉각 기체가 대기 중 이산화탄소 농
도를 높이는 데 일조하기 때문이다.

2015년 전 세계가 기후위기에 대응하기 위해 파리에 모였을 때, 항공과 해운은 특정 국가에 배출에 대한 책임을 물기 어렵다는 이유로 주요 안건에서 제외되었다. 대신 국제해사기구(IMO)와 국제민간항공기구(ICAO)에서 탄소 감축 전략을 수립하도록 위임하였다.

　　국제민간항공기구는 2016년에 CORSIA(국제항공 탄소상쇄·감축제도)를 선언하였고, 회원국들은 2022년 캐나다 몬트리올에서 열린 기구 3주년 총회에서 2050년에 탄소중립을 달성한다는 목표를 지지하기로 최종 합의하였다.[42] CORSIA는 운항 시 할당된 기준치를 초과하여 탄소를 배출하는 경우, 참여국 간에 탄소시장에서 배출권을 거래하여 초과분을 상쇄하도록 하는 제도이다. 2027년부터 의무화될 예정이며 2021~2026년은 자발적 참여 기간으로 한국은 9개 항공사가 참여 중이다. 기준치는 애초 2019년과 2020년의 평균 비행 배출량으로 정하려고 했으나, 코로나19 팬데믹으로 인해 운항이 급감하면서 2019년 배출량의 85%를 임계치로 설정하였다.

　　하지만 국내에서는 아직 CORSIA에 대한 법적 근거 및 규정이 수립되지 않아 대응을 위한 국토교통부와 환경부의 역할 분담이 불명확하다. 환경부는 「온실가스 배출권의 할당 및 거래에 관한 법률」(이하 배출권거래법)에 따른 배출권 거래업무를 담당하며 국가 온실가스 인벤토리 등 탄소배출 저감을 위한 시스템을 갖추고 있기 때문에 교통을 관리하는 국토교통부와의 협의 및 협력이 요구된다. 사실 지금까지 CORSIA 배출권을 구입한 사례는 없다. 하지만 향후에는 항공

---

42 러시아와 중국은 2022년 10월 제41차 회원국 총회에서 국제선 항공편에 대해서 목표를 더 관대하게 제시하도록 요구하였다.

수요 증가로 가능성이 있다. 이에 시민단체에서는 배출권 구매로 인한 비용 증가가 항공 운임 인상에 영향을 미치고 승객에게 전가되어 소비자 부담이 상승할 것으로 보고 있다. 따라서 탄소의 실질적 저감을 통해 탄소중립 목표를 달성하기 위해 준비해야 한다.

실제로 정부, 항공기 제조업, 항공업에서 공통으로 기존 항공기 대비 연료 효율이 우수하고 탄소 저감에 효과가 있는 신기술, 저공해 항공기를 도입하고 있다. 저공해 항공기란 운영방식과 기술적으로는 엔진 시스템, 연료, 기체 구조에서 친환경적인 요소를 고려하여 개발한 항공기를 말한다. 예를 들어 항로 최적화와 운항 관리를 통해 탄소 배출량을 줄이는 운영방식을 채택하여 연료 소비를 줄일 수 있다. 저공해 항공기는 또한 기존 항공기에 비해 저탄소 또는 친환경 연료를 사용하는 엔진을 장착하게 된다. 2021년 네이처지에는 태양 에너지를 비행기 연료로 만드는 기술이 발표되었으며, 세계 3대 항공 엔진 기업으로 꼽히는 롤스로이스는 전기 비행기 '스피릿 오브 이노베이션Spirit of Innovation'을 공개하면서 화석 연료를 대체할 에너지원에 관한 연구를 진행하고 있다고 발표하였다.

연료 부문과 관련해서는 특히 지속가능한 항공 연료(Sustainable Aviation Fuel: SAF) 시험 비행의 중요성이 강조되고 있다. SAF는 항공산업에서 친환경 항공 연료를 사용하도록 촉진하는 정부 주도의 프로그램을 의미한다. SAF 시험 비행을 통해 친환경적인 항공 연료의 사용 가능성과 효과를 평가하며, 민항사에서 지속가능한 항공 연료를 사용하도록 독려할 수 있다.

3.3 육상 교통의 변화

(1) 대중교통, 택시의 부진과 퍼스널 모빌리티의 부상

교통 부문에서 코로나19의 직격탄은 공항과 국제선에서 가장 먼저 맞았다. 그러나 해외 입국자를 통한 지역 내 확산이 시작되면서, 지역 간 또는 지역 내 운행 교통수단 이용에도 큰 변화가 발생하였다. 한국에서 지역사회 집단 감염이 본격적으로 일어났던 2020년 3월 저녁과 주말에 붐비던 강남, 홍대 지하철역은 한산해지고, 출퇴근 시간대 지하철과 버스에서는 혼잡을 피하는 사람들로 여유가 생겼다. 3월 서울의 지하철, 버스 대중교통 이용자 수는 1월 평시 대비 34.5% 감소하였다.

사실 병원, 교회, 커피숍, 노래방, 실내운동시설, 아파트 등의 집단 감염 사례에 비해 대중교통을 통해 코로나19 전염이 발생했다고 언론을 통해 보고되거나 과학적 연구로 밝혀진 경우는 거의 없다. 하지만 일일 확진자 급증 시 대중교통 이용률은 급감하는 경향을 보였는데, 이는 3밀(밀집, 밀접, 밀폐) 특성 때문이다. 마스크를 착용하더라도 간격 유지가 어렵고 환기가 힘든 환경으로 바이러스 확산 위험이 크다. 특히 대도시가 그렇다. 서울의 지하철 일일 평균 이용객은 700만 명대로 확진되지 않은 감염자가 탔을 가능성은 그만큼 컸다.

한국에 비해 확진자 폭발 시기가 늦었던 대만의 경우, 강력한 방역 정책으로 2021년 5월 중순까지 일일 확진자 수를 1,000명대로 유지할 수 있었다. 그러나 6월 초부터 일간 10,000명으로 급증하였고, 이는 시민들 사이에 높은 불안감과 경계심을 일으켰다. 곧바로 대중교통

2021년 7월 하순에 타이베이 대중교통 차내에서 촬영한 사진
(출처: 대만 국립정치대(國立政治大學) 白仁德(Jente Brian Pai) 교수 제공)

이용을 꺼리는 현상이 나타났다.

서울의 2020년 시간대별 지하철 이용객도 모든 시간대에서 감소하였다. 사회적 거리두기 조치로 불필요한 통행은 하지 않아도 되었고, 쇼핑이나 여가활동도 걸어서 갈 수 있는 거리 안에서 해결하였으며, 멀리 이동해야 하는 경우라면 대중교통 대신에 자동차를 이용했기 때문이다. 시간대별로 보면, 외식이나 사교 모임의 취소 및 연기로 늦은 저녁 시간대 지하철 이용 감소율이 가장 높았고, 반면 필수적

으로 통행이 필요한 출퇴근 시간대는 감소 폭이 작았다. 그리고 필수적인 통근과 통학이 아닌 비필수적인 여가 목적의 통행이 주로 이뤄지는 까닭에 평일 대비 주말에서 이용률이 눈에 띄게 줄었다. 지하철 승하차 인원 기준, 2019년 대비 2020년에 평일은 32.4%, 주말은 46.9% 감소하였다.

전국 권역별 대중교통 이용자 수 변화를 살펴보면, 2019년 대비 2020년에 평균 27% 감소하였으며, 가장 많이 감소한 곳은 광주, 대구, 대전, 서울·경기, 부산·울산 순이었다. 대중교통 의존도가 낮은 광역시에서 감소율이 높았는데, 이는 교통수단을 대중교통에서 자가용으로 갈아타기가 그만큼 쉬운 환경이었기 때문으로 볼 수 있다.

대중교통 이용은 일일 확진자 수와 정부의 사회적 거리두기(사적모임 제한) 정책 강도 변화에 따라 민감하게 반응하였다. 특히 2020년

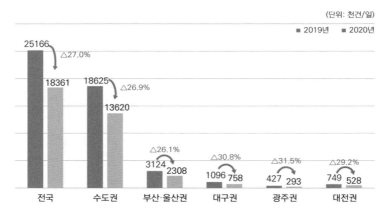

(단위: 천건/일)

전국 권역별 하루 평균 통행량 변화(출처: 대한민국 정책 브리핑(2021/03/23) https://www.korea.kr/briefing/policyBriefingView.do?newsId=148885347&tongYeog=Y&gubun=&pageIndex=&srchType=&srchWord=&startDate=&endDate=#policyBriefing 저자재구성)

은 코로나19에 대한 불안감이 고조되어 있었으며, 코로나19 국내 첫 확진자 발생과 신천지 대구교회 집단 감염은 대중교통 이용 건수를 평년 대비 40% 가량 감소시키는 사건이었다. 정부 정책이 확진자 수에 따라 수시로 변경되었기 때문에 정부 정책에 의한 강제적 통행 수요 감소는 개인의 방역 조치로서 나타난 자발적 감소에 촉매로 작용하였다고 볼 수 있다.

한국교통연구원(2020)에 따르면 코로나19 발병 후 대중교통의 수송실적은 일제히 감소하였지만, 그 속도와 폭은 교통수단별로 차이를 보였다. 국제 항공선의 이용자 수가 가장 빨리, 가장 큰 폭으로 감소하였고, 이어서 고속버스, 시외버스, 국내 항공선, 철도 순으로 나타났다. 즉, 장거리 여행을 위한 교통수단 이용률에서 변화가 가장 먼저 포착된 셈이다. 이후 변화는 택시, 일반버스, 전철과 같은 도시 내부 이동을 위한 교통수단으로 번져 나갔으며, 속도뿐만 아니라 감소 폭도 시외 이동보다 덜 타격을 입었다.

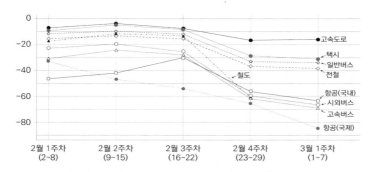

2020년 1월 3주차 대비 주별 일평균 수송실적 변화량
ⓒ한국교통연구원(저자재구성) (출처: 한국교통연구원(2020). [교통통계]
코로나19 확산 이후 고속버스와 시회버스 일평균 운송실적 평균 65% 이상
감소, 한국교통연구원 뉴스레터, 2020년 4월호)

즉, 사람들은 일상적으로 의무적으로 발생하는 경우가 많은 내부 이동을 가장 늦게, 그리고 조금 줄였으며 피할 수 있는 (여행이나 출장 등 특수한 상황에서 발생하는) 이동을 가장 먼저, 과감히 줄였다. 같은 장거리(시외) 이동이라도 통행수단별로 감소 추세가 달랐다. 이는 수단별로 감염에 대한 안전성과 일부 연관이 있다. 구체적으로 고속도로는 고속버스에 비해 팬데믹의 영향이 미미했다. 고속도로는 승용차, 승합차 등 개인교통으로 사용하는 수단이기 때문에 대중교통인 고속버스보다 안전하다고 사람들에게 인식되었기 때문이다.

사회적 거리두기가 종료되면서 고속철도 이용객은 증가세가 두드러졌다. 2023년 3월 말 기준으로 광주·전남은 이용객 수가 팬데믹 이전으로 회복하였다. 그러나 모든 장거리 수단이 그러한 것은 아니었으며 고속·시외버스 업체 중 다수는 존폐 위기에 처했다. 고속버스 운행 수는 2019년 대비 30% 수준에 머물고 있으며 시외버스의 가동률도 2019년의 50% 수준에 지나지 않는다. 고속철도 확대로 고속철 운행이 안 되거나 운행 횟수가 적은 도시를 제외하고는 속도 측면에서 경쟁력이 없어 수요 대체가 나타났기 때문이다. 아울러 지방 중소도시는 인구감소와 고령화로 고속버스 이용자 수가 감소하면서 수요하락이 가속화되었다.

코로나19 팬데믹으로 대중교통을 대신해 자동차를 타기 어려운 사람들은 자전거, 전동 킥보드와 같은 퍼스널 모빌리티(PM)로 갈아탔다. 특히 공유 플랫폼의 발달과 상용화로 공유 자전거(서울 따릉이, 대전 타슈 등), 공유 킥보드(스윙 등) 이용이 성행하였다. 아울러 팬데믹 기간 동안 생활권 내 활동이 주를 이루면서 주차장이나 정류장에서 목적지까지 추가로 걸어야 하는 부담이 있는 자가용이나 대중교통보다 최종 목적지에 더 가까이 운전할 수 있다는 장점이 있다.

주목할 점은 과거 여가 목적으로 이용되던 퍼스널 모빌리티가 통근 시간대 통행을 위해 사용되어 이용 목적이 다변화되었다는 점이다. 서울기술연구원의 기술리포트에 의하면, 2020년 3월 첫째 주 서울 지하철(-35%), 버스(-27%), 택시(-34%) 이용자는 전년도 동기 대비 감소하였지만, 공유 자전거인 따릉이 이용 건수는 23% 증가하였고, 아울러 나눔카 이용 건수도 29% 증가하였다.[43] 차량 공유 플랫폼 쏘카 구독자도 2020년 3월부터 8월까지 5개월 동안 15만 명에서 27만 명으로 80% 증가하였다.

대중교통에 버금갈 정도로 수요가 감소한 교통수단은 택시이다. 자가용과 달리 혼자 또는 신뢰할 수 있는 동행인과만 이동하는 것이 아니라 불상의 여러 손님을 태우는 기사가 운전하는 좁은 택시를 타는 것이 위험하다고 느낀 까닭이다. 승객이 줄어든 데다가 다중시설, 음식점, 카페 등의 영업시간이 제한되면서 새벽 할증 영업이 불가능하여 손실이 가중되었다. 코로나19 불황에 택시를 그만두고 배달 플랫폼과 택배업계로 떠나는 택시 기사들이 늘어났다. 전국택시운송사업조합연합회에 따르면 2021년 택시 기사는 242,622명으로 팬데믹 이전인 2019년 말에 비해 약 25,000명, 9.5%가 줄어들었다.

특히 서울시의 경우, 택시의 교통수단 분담률은 2020년 5.3%에서 2021년 3.7%로 다른 교통수단에 비해 심하게 감소하였다.[44] 한편

43 조혜림·윤성범, 2020, 코로나19로 인한 통행 변화, 그리고 포스트코로나에 대비한 서울 교통정책 방향, 서울: 서울기술연구원.
44 https://stat.eseoul.go.kr/statHtml/statHtml.do?orgId=201&tblId=DT_201004_O10

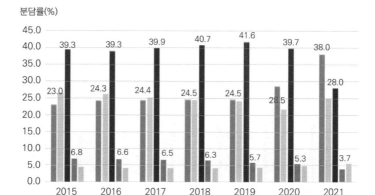

분담률(%)

서울의 1일 교통수단 분담률 추이(출처: 서울 열린데이터 광장)

대중교통수단으로서 지하철과 철도가 계속 가장 높은 분담률을 보이면서 상승하다가 코로나19로 인해 2020년에 최초로 감소하였으며 (39.7%), 2021년에는 승용차에 분담률이 역전되었다. 반대로 승용차 분담률은 2020년 상승하여, 2021년에는 가장 많이 이용되는 수단이 되었다.

상대적인 비율과 함께 절대량을 보면 그 변화가 더욱 두드러진다. 1일 교통수단별 통행량 추이를 보면 2019년까지 일일 3만 2천 통행을 유지하다가 2020년 2만 6천 통행, 2021년에는 2만 4천 통행으로 통행량 자체가 감소하였다.[45] 그런데 승용차 통행은 2021년부터는 2019년 7,880 통행, 2020년 7,558 통행에서 9,069 통행으로 크게

0009&conn_path=I2&obj_var_id=&up_itm_id=
45 https://stat.eseoul.go.kr/statHtml/statHtml.do?orgId=201&tblId=DT_201004_O10
0009&conn_path=I2&obj_var_id=&up_itm_id=

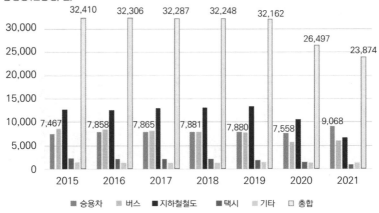

통행량(천통행/일)

서울의 1일 통행량 추이(출처: 서울 열린데이터 광장)

늘었다. 2019년 대비 통행량이 증가한 유일한 교통수단이다. 통행 자체를 자제한 데다가, 필요하다면 안전한 개인교통수단을 이용한 것이다. 즉, 동일한 통행에 대해 다른 수단을 사용하는 수단 전환(modal shift)이 나타난 것으로 볼 수 있다.

(2) 사치품에서 필수품으로, 자동차 역할의 변화

　팬데믹은 자가용 소유자의 자동차 이용 빈도를 늘렸을 뿐만 아니라 자동차 구입 자체를 늘리는 데에도 한몫했다. 그림을 보면 팬데믹 이전에 비해 일인당 자동차 등록대수가 모든 광역시도에서 상승한 것을 볼 수 있다.[46] 팬데믹 기간 중 자동차 구매 수요 증가는 ① 자동차를

---

[46] 그러나 이러한 자동차 증가 추세를 포스트 팬데믹 시대에도 기대하기는 어렵다. 정부는 「2030 국가온실가스감축목표」(NDC)와 「2050 탄소중립 시나리오」에 의거, 자동차 주행거리를 2018년 대비 2030년에는 4.5%, 2050년에는 15% 감축하는 것을 목표로 하고 있다. 아

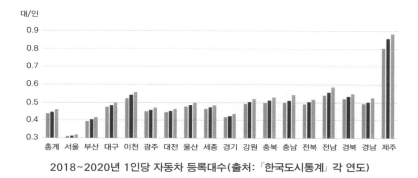

대/인

2018~2020년 1인당 자동차 등록대수(출처: 「한국도시통계」 각 연도)

사치품에서 필수품으로 바라보게 된 인식 변화, ② 자동차를 이용한 여가 범위 확대, ③ 차량(전기차) 구입 보조금 지급을 이유로 들 수 있다.

첫 번째 이유는 자동차를 사치품이 아닌 필수품으로 바라보는 인식이 증가했다는 점을 들 수 있다. 업계와 국회는 개별소비세 폐지를 추진하거나 논의 중이며 정부도 이에 따라 인하를 연장하고 있다. 대도시에서는 대중교통이 편리함, 편안함, 안전, 정시성 측면에서 자동차에 버금갈 정도로 경쟁력이 있어 수단분담률이 높았지만, 사람들은 코로나19 팬데믹으로 감염 위험이 크게 느껴지는 대중교통 대신에 자동차 이용을 늘렸고, 자동차가 없으면 구입하거나 가족이 이용하도록 세컨드 카second car를 새로 샀다. 물건은 사들이면 그 자체로 최소 수준의 이용이 발생하게 된다. 마찬가지로 자가용이 있으면 과거 대중교통을 이용했을 곳이라도 자가용을 타고 가게 되는 경우가 생긴다.

아울러 국내외 차량 제조업체는 차량 제조 및 판매 중심의 비즈니스 모델에서 벗어나 이동성 서비스를 제공하는 데에 중점을 두고 있다. 기아자동차는 이러한 비전을 담아 2021년 1월에 사명을 기아자동차에서 기아로 변경하였다.

둘째로 코로나19로 사람들의 여가 활동의 공간적 반경이 넓어지고 내용이 달라졌다. 사람들은 안전한 자연으로 떠나기 시작했다. 이러한 장소는 공간적 제약이 있는 대중교통이나 보행으로는 어렵고 따라서 자동차 수요를 늘렸다. 따라서 야외에서 자동차를 이용한 갖가지 아이디어가 유행하였는데, 캠핑이 그 예이다. 카이즈유데이터 연구소에 따르면, 2022년 9월 기준 한국에서 운행 중인 캠핑카는 4.9만 대로 10년 전과 비교하면 8배가 늘어난 것이다. 캠핑이 차로 이동해서 야영장에서 묵는 것이라면 차에서 숙박을 해결하는 차박도 인기를 끌었다. 차박을 할 수 있는 대형 SUV 시장이 발전하여 2020년에 12만 대가 판매되었고,[47] 2022년 1분기에는 국내 완성차 중 51.7%를 차지할 정도로 급속히 성장하였다.[48] 이를 의식하여 자동차 제조업체들은 캠핑용 차 액세서리를 판매하고 관련 장비를 대여하는 등 캠핑 관련 마케팅을 확대하고 있다. 현대 자동차는 신형 SUV 시승 기회와 함께 차박 캠핑을 체험할 수 있도록 2020년부터 자동차의 휠wheel과 캠핑camping을 합성해 만든 휠핑Wheelping이라는 이벤트를 진행하고 있다.

셋째 요인은 팬데믹의 직접적 영향이라기보다는 차량 구입 수요를 현실화하는 데 도움을 준 것으로서, 정부의 보조금 및 조세 혜택을 들 수 있다. 팬데믹으로 인한 경제적 충격을 줄이기 위해 차량 구매에 대해 개별소비세를 한시적으로 인하하였다. 이와 함께 친환경 차량으로서 전기차 구입에 대한 보조금을 지급하였다. 환경부와 산업통상

---

47 https://www.yna.co.kr/view/AKR20201219036900003
48 https://m.segye.com/view/20220417509199

코로나19로 인해 외부활동이 어려워지자 자연으로 떠나 차박 캠핑을 즐기는 사람이 늘어나고 있다(이지원ⓒ2021).

자원부는 2022년까지 전기차 구입 시 700만 원을 국고 보조금으로 지원하였고, 2023년에는 21만 대에 대해 최대 680만 원까지 지급하고 있다. 휘발유와 경유 대비 저렴한 충전비, 공영주차장 주차비 및 고속도로 이용료 할인 등, 이러한 일련의 혜택은 경제적인 접근성을 높이고 차량 구매에 대한 부담을 완화하였다.

|제 4 장|

4차 산업혁명의 급진전과 사회적 불평등의 확산

팬데믹은 ICT기술을 기반으로 사람들의 활동을 물리적 공간에서 온라인 공간으로 전환하는 것을 가속화하였다. 사회적 거리두기 정책에 따라 많은 이들이 비대면 방식에 빠르게 적응하였으나, 일부는 코로나 우울(corona blues)에 시달리거나 돌봄 서비스 감소로 인해 생계에 어려움을 겪었다. 바이러스의 전파 위험은 모든 사람에게 동일하게 적용되지만, 팬데믹의 파급효과는 불공평하게 전파되었다.

4. 4차 산업혁명의 급진전과 사회적 불평등의 확산

팬데믹이 도시에 미친 영향은 ICT 기술의 도입을 촉진하고 이에 따라 사회적 차별을 발생시켰다는 점이다. 바이러스의 위험성은 공평하게 적용되지만, 팬데믹의 여파는 불공평하게 전달되었다.

4.1 교육 서비스의 변화

팬데믹이 발생하자 정부는 학교를 통한 집단 감염을 막고자 휴교령을 내렸다. 이어서 밀폐, 밀집, 밀접 환경 기피 정책에 힘입어 원격교육 서비스가 성장하였다.

팬데믹 초반에 교육청은 개학 연기를 이어오다 코로나19 확산세가 계속되자 원격 학습으로 전면 전환하였다. 대학교 역시 개학 연기후 강의를 비대면으로 전환하였다. 주로 온라인 화상 프로그램을 활용하여 실시간 강의를 진행하거나 교수자의 강의 영상을 보고 학내

수업 지원 사이트를 통해 수업에 참여하는 등의 방식이 도입되었다. 하지만 첫째, 가상으로 표정이나 제스처 등의 비언어적 표현을 통해 교류하는 것이나 과제를 공동으로 하는 것에는 한계를 보였다. 둘째, 이와 함께 필요한 장비를 구입하는 데 비용이 발생하고, 언택트 활동을 지원하는 프로그램이 다양해서 프로그램 사용법을 익히고 적응하는 데에도 시간이 소요됐다.

먼저 비대면 수업이 교실 생활에서 발생하는 교사-학생 간, 학생 간 상호작용을 완벽히 대체하기는 불가능하며, 따라서 학업 성과와 사회성에 부정적으로 작용할 수 있다. 시민단체 사교육걱정없는세상에서 발표한 「2020년 코로나19 학력격차 실태」에 따르면, 2020년에 중학교 중 75.9%, 고등학교 66.1%에서 수학 과목 중위권 학생 수가 전년 대비 감소하였다.

또한 온라인 수강을 위한 인터넷 설치와 노트북 구입 등 원격학습 환경을 구축하는 데 경제적 부담이 발생한다. 특히 자녀를 여럿 둔 가정에서는 자녀 수에 맞춰 노트북을 장만해야 했다. 이에 교육청은 저소득층 등 학습용 전자기기 구입이 어렵거나 부담이 되는 계층을 대상으로 기자재를 빌려주거나 금액을 지원해주는 사업을 진행하기도 하였다.

등록금을 내야 하는 대학에서는 수업의 비대면 전환 및 교내 시설 영업 중단으로 인한 학습권 침해 문제가 불거져 등록금 반환 운동이 일었다. 2020년 7월 전국 대학생들은 「등록금반환운동본부」를 만들고 2020년 1학기 등록금을 반환하라며 대학을 상대로 소송을 걸었지만 패소했다. 학교에서 자발적으로 나선 경우도 나타났다. 건국대는 학생들과 협의하여 2020년 1학기 등록금 일부를 감면하는 방안에 합의하고, 등록금 중 일부를 2학기에서 절감해주는 환불성 고지 감면 장학금을 재학생 전원에게 제공하였다.

4.2 의료 서비스 및 문화 산업의 탈바꿈

팬데믹에 의한 대면 접촉 제한은 언택트 산업의 성장을 낳았다. 이는 기존 사업의 확대와 신규 사업의 등장이라는 두 측면으로 볼 수 있다. 어떤 비즈니스 모델이 기존 사업을 대체하는지에 따라 언택트 사업의 경쟁력이 좌우되었다.[49]

기존 사업과 관련해서 팬데믹은 집단 여가활동의 침체 및 이의 대체재로서 개인 여가활동의 확대에 기여하였다. 집단 관람이 어려워진 상황에서 문화·예술 분야에서는 대신 온라인 공연과 전시, 스트리밍 서비스로 관객들에게 문화 경험을 제공하였다. 개인 여가활동 중에서는 독서 시간이 전반적으로 증가한 가운데, 특히 기존에도 있던 전자책과 오디오북 등 디지털 도서 서비스가 활성화되었다. 전자책 이용률은 팬데믹 이전인 2018년 2월에 비해 2021년 2월에 46.8% 증가하였다. 스마트 기기를 통해 쉽게 책을 읽을 수 있다는 장점에 힘입어 도서관에서도 전자책 대여 서비스를 확대하였다. 서점, 출판사와 북클럽에서는 온라인으로 작가와의 만남과 강연을 진행하

---

[49] 팬데믹에 힘입어 관심을 끌던 메타버스(metaverse)는 현실을 복제하기에 기술적, 문화적인 한계가 있어 서비스 이용자의 만족도가 낮아 팬데믹 이후 급격히 관심을 잃은 상황이다 (https://zdnet.co.kr/view/?no=20230620101438).

2023년 10월 9일 공덕역 역사 내에 스마트도서관(위)과 북카페(가운데 및 아래)가 같이 있다. 도서관에서 책을 대여해서 카페를 열람실처럼 이용할 수 있다(김태형©2023).

2023년 10월 9일 폐쇄된 여의도역 뉴스 가판점(김태형ⓒ2023)

였다. 독자들은 서점이나 호텔, 컨퍼런스 센터에서 진행하는 상황에 비해 비대면으로 더욱 편리하게 다양한 독서 경험을 할 수 있게 되었다. 도서관은 열람실과 대면 대출 서비스가 제한되자 온라인 및 예약 서비스를 마련하였다. 이와 함께 비대면 도서 대출 서비스를 확대하여 시행하였다. 이를 위해 문화체육관광부는 2021년에 지하철역 등에 설치하는 스마트도서관 관련 예산을 20억 원으로, 2020년 10억 원에서 두 배 확대하여 운영하였다. 반대로 지하철역에서 잡화나 주로 신문을 판매하던 신문 가판점은 급속도로 줄어들었다.

　원격 의료와 같이 새로운 시도가 이루어지기도 하였다. 감염 위험으로 내원이 힘들어지자, 정부는 한시적으로 비대면 진료를 허용하였다 비대면 진료 앱을 이용하면 전국 어디에 있든지 병원을 골라 비대면 진료를 받을 수 있게 하였다. 진료 이후 환자들은 처방받은 약을 퀵배송, 택배, 약국 방문 등으로 수령할 수 있다. 보건복지부에 따르면, 2022년 비대면 진료 건수는 총 736만 건으로 초진이 18.5%, 재진이 81.5%로 나타났다. 특히 고령층과 만성·경증질환을 가진 환자

들이 주로 이용하였다.[50]

4.3 지역사회 플랫폼

　지역사회를 굳건히 유지하고 그 안에서 사회적 자본(social capital)을 강화하는 데 있어 온라인 모임과 오프라인 모임 간의 관계에 대해 상반된 입장이 있다. 하나는 온라인 모임을 통해 오프라인 모임 발생의 계기가 생기고 촉진한다는 주장이다. 다른 하나는 온라인 모임이 오프라인 모임을 대체하여 해체한다는 설명이다. 팬데믹 기간 동안 오프라인 모임이 통제, 자제, 축소, 연기되면서 온라인 모임이 활성화되었다. 이러한 온라인 모임은 특히 사용자 관점에서 모임 검색과 회원 모집 및 교류에 유리하기 때문에 큰 플랫폼을 가진 선도기업으로서 당근마켓을 중심으로 지속 성장하였다.[51]

　당근마켓 사례를 보면 이 플랫폼은 단순한 중고 거래 사이트 이상으로 지역 기반의 커뮤니티 모임을 지향한다. 본래는 안 쓰는 물건을 사고파는 것이 목적이지만, 거주지역을 설정함으로써 가까운 곳에 있는 이웃과만 거래할 수 있다. 가상 공간에서 계약이 성사되면 현실 세계에서 직접 거래로 완성된다는 점에서 지역 주민 간의 교류를 활성화할 수 있다. 궁극적으로는 교류활동을 통해 공동체 의식을 강화하고 사회적 자본을 형성하는 데 도움을 줄 수 있다. 이러한 차원에서

---

50 비대면 진료는 팬데믹 기간 한시적으로 허용한 것으로서 동 서비스의 존폐에 대해 찬반이 크게 갈린다.

51 https://www.mk.co.kr/news/business/10637614

당근마켓은 물품 거래 말고도 동네생활이라는 커뮤니티 서비스를 제공하는데, 주민들은 이를 통해 지역 생활 정보와 일상의 사연을 공유한다. 잃어버린 강아지를 찾는 글부터 산책을 함께할 사람을 모집하는 경우까지 다양하다. 2022년 9월 기준으로 당근마켓의 '같이해요' 서비스의 주요 유형은 밥/카페(23%), 취미(19%), 운동(17%), 독서 및 공부(10%), 산책(7%), 러닝(3%), 반려동물(2%) 순이다.[52]

당근마켓의 온라인 커뮤니티 기능은 강력한 실시간 정보 전달력에 힘입어 비상 상황에서 위력을 발휘하였다. 팬데믹 기간에 사람들은 코로나19 자가격리자에게 물품을 구해주거나 진료소 대기 인원 현황을 공유하기도 하였다. 2022년 장마 기간에는 국지적으로 시시각각 달라지는 날씨를 공유하고 공동 대처에 대해 논의하였다. 온라인 커뮤니티 활성화에 따라 당근마켓의 성격이 변모하게 되었는데, 구체적으로 이용자들은 거래보다 오히려 커뮤니티 활동에 시간을 많이 투자하는 것으로 나타났다. 2022년 10월 기준으로 쇼핑 앱을 이용하는 시간은 당근마켓 2시간 2분으로 타사 쇼핑 앱 대비 최대 5배에 달했다.[53] 그리고 2023년 상반기 기준으로 온라인 커뮤니티 앱 중 한국인이 가장 자주 실행한 앱 1위로, 2022년 1위인 네이버밴드와 자리를 바꾸었다.[54]

[52] https://www.etnews.com/20220923000017
[53] https://www.ohmynews.com/NWS_Web/View/at_pg.aspx?CNTN_CD=A0002873428
[54] https://www.wiseapp.co.kr/insight/detail/451

4.4 평등한 팬데믹의 불평등한 영향

팬데믹에 의한 사회적 거리두기 시행 및 해제에 대해 개인은 본인의 기질에 따라 다르게 반응하였다. 저자(김태형)의 연구에 따르면 업무와 학습, 쇼핑, 여가의 대면 활동을 선호하는 이들은 비대면 전환에 따라 코로나 우울(corona blues)을 호소하고 조치가 해제되면서 보상 심리로 대면 활동을 폭발적으로 시행하였다.[55] 반대로 비대면 조치를 선호하는 이들은 대면 제한 상황에 신속히 적응하고 조치 해제 후에는 과거로 돌아가기는커녕 비대면 활동을 유지하거나 늘리려고 하였다. 코로나19 풍토병화(엔데믹화)로 사무실, 학교로 돌아가야 하는 의무적인 상황을 부정적으로 받아들여 수면장애 등 엔데믹 우울(endemic blues) 증상을 보이기도 하였다.[56]

팬데믹은 선호와 같은 개인의 내적인 기질뿐만 아니라 이와 상관없이 사회경제적 계층, 성별, 연령 등에 따라 사람들에게 구조적으로 다르게 영향을 미쳤다. 팬데믹으로 노숙자나 저소득층을 위한 쉼터, 밥차, 목욕탕 운영이 중단되는 등 기초적인 지원이 끊기면서 취약계층이 생계에 어려움을 겪었다. 특히 대면 서비스업에 종사하는 비숙련 노동자를 뜻하는 핑크칼라pink collar 계층, 그중에서도 임시직 등 비정규직은 영업 중단 및 영업시간 축소로 일자리를 가장 먼저 잃거나 근로소득이 감소하여 경제적으로 궁핍하게 되었고 아울러 노숙자 규

---

55 Gim, T.-H. T. and Park, Y. Back to normal or new normal? Major influences on the travel patterns of the past, present, and future of the COVID-19 pandemic. 미발표 논문

56 https://www.medicaltimes.com/Main/News/NewsView.html?ID=1155084

미국 노숙자 숙소: 정부에서 무료로 제공하는 임시 숙소(흰색) 말고 다리 아래쪽으로 노숙자들이 사용하는 텐트가 보인다. 한 명이 간신히 누울 수 있는 1인용부터 텐트를 2개 이상 연결하여 살림까지 차린 경우까지 다양하다. 2021년 1월 8일 오리건주 포틀랜드시(김태형ⓒ2023)

모도 급격히 증가하였다.[57] 미국 주택도시개발부(HUD)가 집계한 자료에 따르면, 2023년 1월 기준 미국 노숙자는 65만 3,104명으로 1년 사이에 12%(약 7만 명) 증가하였다. 미국 정부가 노숙자 관련 통계를 내기 시작한 2007년 이래 가장 높은 증가율이다. 노숙자가 늘어난 주원인으로 드는 것은 저렴한 주택의 부족과 주거 비용 급증이며,

---

57 제조업을 블루칼라(blue collar), 서비스직을 화이트칼라(white collar)로 크게 나누지만, 나아가 저숙련 서비스업 종사자를 핑크칼라(pink collar)로 일반 오피스 근무 화이트칼라와 구분하기도 한다. 미국 식당 웨이트리스가 입은 유니폼 색깔이 대체로 분홍색이었던 데에서 유래한다. 그리고 대기업의 임원을 골드칼라(gold collar)로 따로 부를 수 있다. 이렇게 사회 경제적 계층을 색으로 구분하는 용어는 정치적 올바름(political correctness) 기준에서 어긋난다는 인식이 증가하여 사용 자체를 지양하는 추세이다.

아울러 팬데믹 기간 중 정부가 실시한 긴급 임대료 지원과 세입자 퇴거 금지 등 특별 조치가 종료하면서 임대료가 급격히 늘었기 때문이다.[58] 또한 팬데믹 기간 재택근무가 증가하면서 높은 임대료를 내고 비싼 도시에 거주할 이유가 사라져 인구가 외곽으로 증가한 것도 이유이다. 특히 IT기업이 밀집해 '혁신도시'라고 불린 샌프란시스코는 팬데믹으로 재택근무가 46%(2021년 기준)까지 상승하고 경기 침체에 따른 IT기업의 대규모 정리해고로 인구 이주가 가속화되었다. 인구의 7.5%가 감소하고 도심 지역의 공실 비율이 31.6%까지 올라갔고, 이에 나타난 도심의 빈 공간은 노숙자들이 차지하면서 마약과 범죄 증가로 이어져 도시는 미증유의 문제에 직면하였다.[59]

복지 수요가 증가하였지만 반대로 보호시설, 양육시설, 교육시설이 오히려 잠정적으로 폐쇄되거나 비대면으로 전환되면서 아동, 노인, 장애인 등 사회적 취약계층에 대한 돌봄 부담이 증가하였다. 코로나19 팬데믹 초기 교육 부담과 관련된 유네스코 통계에 따르면, 한국, 중국, 일본에서만 유치원생에서 고등학생에 이르는 2억 5,300만 명이 등교하지 않으면서 가정의 부담이 가중되었다.

가정의 아동 돌봄 부담이 커지자, 정부는 어린이집, 유치원, 학교의 긴급 돌봄 시설을 대상으로 긴급 대응 체계를 운영하였다. 그러나 코로나19 감염에 대한 우려가 불식되지 않아 시설 이용률은 저조하였다. 보건복지부에 따르면 2020년 3월 초 전국 긴급 돌봄 이용률은 어린이집 11.2%, 초등학교 방과 후 교실 1.8%로 나타났다.

---

58 https://news.kbs.co.kr/news/pc/view/view.do?ncd=7843515
59 https://youtu.be/P-gEdWWqFBg?si=_w0RSpiXfzK7xKO4
　　https://www.donga.com/news/Opinion/article/all/20230726/120431616/1

서울대학교 국제이주와 포용사회센터가 수행한 '코로나19와 한국의 아동돌봄 설문조사'를 근거로 한 연구(Peng and Jun 2022)에 의하면 팬데믹이 발생시킨 양육 부담이 남성보다 여성에게 더 부과되었고, 이를 통해 여성의 웰빙이 직간접적으로 영향을 받은 것으로 나타났다.[60] 해당 연구는 양육 부담에서 성별 차이가 나타나는 이유로 정규직과 비정규직으로 구분된 노동시장의 이중구조, 성차별적 채용 형태, 육아에 대한 사회적 규범, 양육 정책의 한계를 짚었다. 0~12세까지의 자녀를 둔 기혼 남녀 1,252명을 대상으로 하였는데, 자녀 돌봄 시간이 맞벌이 가정에서는 여성은 팬데믹 이전 5시간에서 1시간 47분이 늘었고, 남성은 이전 3시간에서 54분 증가하는 수준이었다. 외벌이 가정에서는 차이가 더 컸다. 전업주부의 돌봄 시간은 9시간에서 3시간 38분이 늘었고, 남성은 3시간에서 30분 증가한 정도에 그쳤다.

　　보건복지부는 돌봄 문제 완화를 위해 2020년 11월 「코로나19 시대, 지속가능한 돌봄체계 개선방안」을 발표하고 시행하였다. 이 대안은 아동, 노인, 장애인 등 대상자별로 재택 및 비대면 서비스를 다양화하고, 가정 돌봄 지원 및 학대를 방지하기 위한 아동 모니터링을 강화하는 것을 골자로 하였다. 다만 피양육자 말고 양육자를 위한 지원 내용은 충분하지 않았다. 양육자를 위한 돌봄은 지원센터를 통한 부모교육 활성화와 코로나19 통합심리지원단을 통한 스트레스 및 우

---

60 Peng, I., & Jun, J. (2022). Impacts of COVID-19 on parents with small children in South Korea: survey findings and policy implications. International Journal of Care and Caring, 6(1-2), 13-32. Retrieved Oct 11, 2023, from https://doi.org/10.1332/239788221X16330161584820

울증 등 심리지원(그리고 고위험군에 대해서는 민간의 심리상담 및 정신과 전문가 연계)에 제한되었다.

팬데믹 시기에 감염률은 연령대에 따라 골고루 나타났지만, 치명률은 60대 이상 고령층이 90%를 상회하였다. 특히 요양원이나 요양병원과 같은 노인생활시설에서 감염자와 사망자가 속출하자 방역당국은 이를 고위험시설로 구분하였다. 팬데믹 초기인 2020년 3~11월에는 면회, 외출, 외박을 금지하였고, 이후에는 탄력적으로 운영할 수 있도록 하였지만 상당수 시설에서 집단 감염을 우려해서 자체적으로 면회를 금지 또는 제한하였다. 면회 금지 조치는 입소자에 우울증 증세를 발생시키거나 심화시켰다(의협신문, 2020/11/12).

방문 형태로 진행되던 노인 돌봄서비스가 IT 기기나 전화를 바탕으로 한 비대면 방식으로 전환되면서 공백이 발생하였다. 아울러 경로당과 노인복지관이 일시적으로 폐쇄되면서, 여가, 교육, 건강 프로그램, 경로 식당, 노인 일자리 사업 등이 중지되면서 특히 고령자의 삶의 질 문제가 대두되었다.

|제 5 장|

기후위기와 다음 팬데믹

코로나19와 같은 바이러스가 다시 발생하고, 전파되고, 팬데믹으로 발전하는 상황을 막기 위해서 국제적인 탄소중립 노력이 필요하다. 단순히 온실가스 배출의 순감소를 위한 노력에 더해 산림 벌채를 막아 야생동물의 서식지인 흡수원을 보호해야 한다. 이와 함께 야생동물을 사냥거래하고 식품 및 의약 용도로 사용하는 행위를 막는 강력한 규제를 시행해야 할 것이다.

5. 기후위기와 다음 팬데믹

코로나19는 슬픈 전염병이었다. 직접적으로는 정부의 강제적 거리두기와 자발적 방역 조치로 이동이 제약되고 경제적으로 타격을 입으면서 스트레스와 우울감이 증가하였다. 간접적으로는 우선 국제적으로는 선진국과 비선진국 간 백신 접종시기와 접종률이 양극화되는 문제가 발생하였다. 한 국가 내에서도 저소득층이 더 위험한 환경에 노출되는 상황이 연출되었다. 쪽방촌과 같은 인구밀도가 높은 슬럼 지역에서는 작은 집에서 거주하거나 임시 주거시설에서 사는 경우가 많으며, 부족한 위생 시설로 인해 전염병에 더 쉽게 걸렸다. 한 가족 안에서는 전염이 발생하는 경로에 따라 활동량이 많은 연령층이 먼저 감염되어, 이동성이 떨어지는 다른 가족 구성원에게 바이러스를 전파하는 경우가 일반적이었는데, 치명률은 차별적으로 노인과 같은 취약계층에서 훨씬 높았다. 이에 가족 내에서 전염경로에 따라 죄책감을 느껴야 하는 상황이 발생하였다. 더불어 방역 목적으로 코로나19 사망자에 대한 장례식을 제한하는 조치에 대한 심리적 반발도 나타났다.

　이러한 슬픈 전염병이 다시 도래할 것인가? 그렇다. 인류 역사상 완벽히 퇴치된 경우는 천연두와 우역牛疫 두 가지뿐이다(소아마비는 99% 퇴치). 홍역, 에볼라바이러스, 지카바이러스, 스페인독감, 아시아독감, 홍콩독감, 사스, 신종플루(돼지독감), 메르스 등은 인류와 현재도 공존하고 있고 언제든 다시 대규모로 영향을 미칠 수 있다. 실제로 1918년 스페인독감(H1N1)은 2009년 신종플루(H1N1)로 다시 한 차례 인류를 공포에 빠뜨렸다. 팬데믹의 발생을 완전히 막기는 어렵더라도 완화하고, 급속히 전파되어 팬데믹으로 전개하는 것을 막기 위한 다각도의 노력이 있으며 그 중 대표적인 것이 기후변화 완화이다.

　기후변화가 팬데믹 발생에 영향을 미칠 수 있다는 가설에는 여러 근거가 있다. 기후변화는 온도 상승, 습도 변화, 산림 벌채, 대기 및 물 오염, 산업화를 원인으로 한다. 이들 원인은 식생과 동물의 이종간 상호작용을 교란하고, 코로나바이러스의 중간 숙주로 알려진 박쥐/천산갑 군집 수와 분포에 영향을 미치며, 사람들의 면역 체계에 변화를 주고 바이러스의 변이를 촉진한다. 그리고 재난, 가뭄, 홍수, 하수 범람을 촉진한다.

　먼저 기후위기로 인해 생태계가 파괴되면 감염병이 쉽게 전파될 여지가 있다. 식물 식생 변화로 코로나바이러스를 저장하는 저장소가 증가하고, 서식지를 파괴하여 박쥐나 중간 숙주로 여겨지는 천산갑과 같은 야생동물을 강제로 이주시켜 인간과 접촉을 쉽게 하기 때문이다. 동물과 사람뿐만 아니라 기후변화는 사람 간의 감염도 촉진한다. 온도와 습도가 바이러스가 사는 데 유리하도록 변화하고, 사람들에게 기침과 재채기를 유발해서 에어로졸을 만든다. 장기적으로는 면역에 영향을 미친다. 일부 국가와 지역에서 영양 공급과 식단의 질을 떨어뜨리는 결과를 낳고, 이에 따라 장내 미생물에 변화가 발생하여 면역력을 하락시킨다. 또한 기후변화는 당뇨병 발생률을 높이고 박쥐가 이동시키는 다른 질병에 대한 유병률을 높여 팬데믹에 대한 개인과 집단의 면역력에 악영향을 미칠 수 있다.

따라서 코로나19가 다시 발생하고, 전파되고, 팬데믹으로 발전하는 상황을 막기 위해서 국제적인 탄소중립 노력이 필요하다. 단순히 온실가스 배출의 순감소를 위한 노력에 더해 산림 벌채 등을 막아 흡수원, 즉 야생동물의 서식지를 보호해야 한다. 이와 함께 야생동물을 사냥·거래하고 식품 및 의약 용도로 사용하는 행위를 막는 강력한 규제를 시행해야 할 것이다.

현재 노력만으로는 불충분하다. 코로나19가 맹위를 떨치고 이에 산업활동과 교통이 극적으로 줄었던 2020년에도 지구의 탄소 농도는 '상승'했다. 온실가스 농도는 이산화탄소, 메탄, 일산화질소 등 다양한 물질의 현재뿐만이 아니고 과거 배출이 누적된 결과이다. 이산화탄소 등은 대기 중에서 매우 긴 수명을 가지므로 농도 변화는 매우 느리게 발생한다.[61] 실제로 2020년에 탄소 '배출량'은 전 지구적으로 17% 감소했지만, '농도'를 줄이는 데에는 역할이 미미하였다.[62] 반대로 코로나 중에도 마스크를 포함해, 특히 포장재 사용으로 플라스틱 생산을 위한 탄소 배출량이 늘었고, 생태계와 생물다양성을 보

---

61 https://www.metoffice.gov.uk/research/news/2021/how-did-covid-19-lock-downs-affect-the-climate
62 https://www.bbc.com/news/science-environment-55018581

존하기 위한 감시활동이 제한되었다. 이에 폐기물 불법 투기, 사냥, 벌목이 오히려 증가하였다. 나아가 세계적으로 생계 수단을 잃은 빈곤층은 지속가능하지 않은 천연자원에 의존하는 경향이 늘어났다.[63]

즉, 팬데믹은 그 자체로 이동성과 산업활동을 늦춰 탄소중립을 실현하는 데에 역할을 하였다고 보기는 어렵다. 다만 지금의 노력을 뛰어넘는 얼마나 더 강력하고 야심 찬 조치가 있어야 탄소 농도를 줄이고 기후변화를 완화하는 것이 가능한지에 대해 알려주었다는 데에 의미가 있다고 해야 할 것이다.

---

[63] https://unece.org/covid-19-environment-and-climate-change

공저자 약력

김태형

서울대학교 환경대학원 부교수이며 아울러 협동과정 조경학 및 융합전공 지역·공간 분석학 겸무교수, 환경계획연구소 및 지속가능발전연구소 겸무연구원이다. 서울대에 서 도시, 교통, 환경, 혁신을 종합 연구하는 융복합계획연구실(Integrated Planning Lab)을 지도하고 있다. 미국 Georgia Institute of Technology에서 환경계획(토지이용-교통-환경 상호작용) 전공, 계량지리(공간분석) 부전공으로 도시 및 지역계획학 박사(Ph.D. in City and Regional Planning)를 받고 서울대 부임 전에 사우디아라비 아의 King Fahd University of Petroleum and Minerals 도시 및 지역계획 학과에서 근무하였다. 현재까지「Journal of Planning Education and Research」,「Journal of Planning Literature」,「Environment and Planning B」,「Papers in Regional Science」,「Growth and Change」,「Sustainable Cities and Society」,「Transportation」, 「Transport Reviews」,「Transportation Research Part D」,「International Journal of Sustainable Transportation」,「Journal of Environmental Planning and Management」, 「Resources, Conservation and Recycling」,「Natural Hazards」등 도시 및 지역, 교통, 환경 및 재난 분야의 국내외 저명 학술지에 100편 이상의 논문을 싣고 60여 개의 프로젝트를 수행하였다. 또한 풀브라이트 학자(Fulbright Scholar), AUA 학자(Asian Universities Alliance Scholar) 등으로 활동하고「국토계획」논문 상,「Papers in Regional Science」Top Cited Article, 교육부「학술연구지원사업 우수성과 50선」등에 선정된 바 있다.

이지원

서울대학교 융복합계획연구실(Integrated Planning Lab)에서 박사후연구원으로 근무하고 있다. 2024년 2월 서울대학교 환경대학원에서 도시계획학 박사(Ph.D. in City Planning)를 받았으며, 주요 관심사는 도시-교통-환경 상호작용과 토지이용과 취약성(재난, 기후변화, 공중보건, 취약계층)간의 관계이다.「Journal of Transportation Safety and Security」,「International Journal of Urban Science」,「Papers in Regional Science」,「International Journal of Injury Control and Safety Promotion」,「International Journal of Injury Control and Safety Promotion」등 도시 및 지역, 교통, 환경 및 재난 분야의 국내외 저명 학술지에 논문을 발표하였으며 다수의 관련분야 프로젝트를 수행하였다.「국토계획」논문상, 교육부「학술연구지원사 업 우수성과 50선」, 2022년·2023년 서울대학교 학문후속세대 등에 선정된 바 있다.

팬데믹도시 비망록

초판발행	2024년 4월 10일
지은이	김태형·이지원
펴낸이	안종만·안상준
편 집	이승현
기획/마케팅	최동인
표지디자인	Benstory
제 작	고철민·조영환

펴낸곳   (주)**박영사**
서울특별시 금천구 가산디지털2로 53, 210호(가산동, 한라시그마밸리)
등록 1959. 3. 11. 제300-1959-1호(倫)

전 화	02)733-6771
f a x	02)736-4818
e-mail	pys@pybook.co.kr
homepage	www.pybook.co.kr
ISBN	979-11-303-1959-9 93350

정 가   12,000원